짧고 깊은 조언

MAKING MONEY HAPPILY
by Herbert N. Casson
Forbes Publishing Company in 1926

짧고 깊은 조언

허버트 뉴튼 카슨 지음 / 황현덕 옮김

Herbert N. Casson

수린재

옮긴이의 글

미국 경제경영서의 고전을 주로 출간하는 출판사의 도서목록에서 이 책을 만났다. 저자가 역사에 이름을 남긴 유명한 인물도 아닌데 1926년에 출간된 책이 아직도 미국에서 발행되고, 꾸준히 읽히고 있다는 사실이 흥미로웠다.

〈짧고 깊은 조언〉은 자기계발서이면서, 동시에 일에 대한 철학을 말하고 있는 책이다. 요즘의 자기계발서나 경영전략서처럼 당의정을 입히고 귀에 쏙 들어오는 말을 속삭여주지는 않지만 깊고 은근한 힘으로 독자의 가슴을 두드린다. 실용적인 유용성과 철학적인 성찰이 조화를 이루고 있는, 흔치 않은 내용을 담고 있다. 지극히 현실적이지만 가벼운 말은 없고, 깊이가 있지만 어려운 말이 없다. 격조 있는 조언이지만 공허하지 않다. 그런 미덕 때문에 거의 한 세기에 이르는 시간 동안 사람들이 꾸준히 이 책을 읽어왔다. 고전의 힘이다.

얇은데다가 내용이 쉽고 간략해서 한 호흡에 읽을 수 있다. 그러나 〈짧고 깊은 조언〉은 단번에 읽어치워서는 안 되는 책이다. 가능하면 천천히, 신중하게, 깊이 생각하면서 읽어야 한다. 문장 하나하나에 스며있는 정신과 힘을 느끼고, 배우고, 얻으려면 그래야 한다. 그 점에서 이 책은 사회에 막 첫발을 들여놓은 젊은 사람에게 먼저 권할 만하다. 세속적인 의미에서 이미 성공한 사람들에게도 이 책은 필요하다. 본래 고귀하게 태어났던 자신을, 성공을 위해서 스스로 훼손하지 않았는지, 그래서 행복을 잃지 않았는지, 뒤돌아보아야 하기 때문이다.

진정한 성공과 행복은 인간의 미덕 속에서 나온다. 당연한 이 말을, 책을 읽고 새삼 마음에 새기는 사람이 있다면 옮긴이로서 더 이상 바랄 것은 없다.

나무와 이웃한 집에서 황 현 덕

차 례

옮긴이의 글 • 04

1. 일을 할 때, 남들의 기대보다 조금 더 잘하라 • 09
2. 당신보다 나은 사람으로부터 배워라 • 19
3. 불운한 사람에게 도움의 손길을 내밀어라 • 29
4. 두려움을 없애라 • 41
5. 하루 그 자체를 완벽한 삶으로 살아라 • 50
6. 사소한 일에 시간을 낭비하지 말라 • 61
7. 쉬지 않고 무엇인가를 만들어나가라 • 69
8. 승리하기 위해 당신 자신을 지지하라 • 79
9. 자신을 존중하고, 계발하고, 자립하라 • 87
10. 물질보다 인간을 더 생각하라 • 95
11. 사랑하는 능력을 키워라 • 105
12. 정신의 힘, 영적인 힘을 키워라 • 113

1. 일을 할 때, 남들의 기대보다 조금 더 잘하라

성공과 행복으로
가는 첫걸음을 내딛어라

만족하게 살기를 바란다는 점에서 인간은 모두 똑같다. 그것은 바로 성공과 행복을 의미한다.

만족한 삶이야말로 인생의 목적이고, 세상의 희망이고, 모든 비즈니스의 지향점이다.

불행하게도 우리들 대부분은 짧은 생이 거의 끝나갈 즈음에야 만족한 삶이 무엇을 뜻하는지, 어떻게 해야 만족한 삶을 살 수 있는지 알게 된다.

아주 어렸을 때에는 우리가 하고 싶은 대로 하고, 일도 하지 않고, 재미있는 놀이를 마음껏 하는 것이 만족한 삶이라고 생각했다.

전부 그렇지는 않지만 대부분의 사람은 자라면서 그런 생각이 어리석다는 것을 깨우치게 된다. 그런 생각은 인생에 해가 될 뿐 아니라, 실제로 몸에도 해롭고 신체적 고통을 유발하기도 한다.

결국 인간은 많은 어려움을 겪고 나서야, 원하는 무엇이나 얻는다는 것이 성공의 의미가 아니고, 게으름이나 달콤함이 행복을 의미하는 것도 아니라는 사실을 알게 된다.

사실, 누구나 성공과 행복을 누릴 수 있다.

성공과 행복은 결과다. 성공과 행복은 어떤 원인에 따른 결과이고, 당신은 원인 없는 결과를 얻을 수 없다.

보통, 성공은 당신이 무엇을 가졌는가로 평가되고 행복은 당신이 어떻게 느끼는가로 평가된다.

성공과 행복으로 향하는 최초의 첫걸음은 바로 이 첫 번째 레슨이다. −일을 할 때, 남들의 기대보다 조금 더 잘하라.

만일 당신이 거리의 청소부라면 가로등 불빛이 비치지 않는 곳까지 깨끗이 청소를 하라. 만일 당신이 대통령이라면 국민들의 세금을 깎아주는 방법을 찾기 위해 주말을 반납하라. 세월이 흐를수록 내가 더욱더 확신하게 되는 것은, 자기 직업에 대한 마음가짐에 따라 그 사람의 일생이 좌우된다는 사실이다.

교도소에 한번 가보라. 그러면 자기 일을 지겨워하고 귀찮게 여긴 나머지 잘못된 길로 들어선 사람들을 보게 될 것이다.

대부분의 사람들은 일을 형벌로 생각한다. 가난하기 때문에 노동을 한다고 생각하는 것이다. 대부분의 사람들이 왜 가난한가에 대한 가장 큰 해답이 바로 거기에 있다.

이 불가사의한 세상의 모든 것은 정신적이다. 우리는 생각의 세상에 살고 있다. 모든 물질은 애초에 생각이었다. 결국, 성공과 행복은 당신이 일상적인 일에 대해 올바른 생각을 갖는 것에서 출발을 해야 한다.

당신이 큰 서커스단 속의 인간이 될지, 아니면 쇼를 하는 동물이 될지는, 주어진 일에 대해 어떻게 생각하는가에 따라 결정된다.

당신은 동물원이나 서커스단에서 훈련된 물개를 보았을 것이다. 한쪽 물갈퀴로 북을 두드리거나 코로 공을 세우거나 모자를 집는 것도 보았을 것이다. 그러나 물개가 당신의 예상을 뛰어넘는 모습을 보여준 일이 있는가? 결코 없을 것이다.

침팬지 연구로 평생을 바친 가너 교수는 언젠가 내게 이런 말을 했다. 침팬지들도 정글 가운데 피워놓은 모닥불 주위에 모일 수 있고, 그 모닥불 주위에서 놀 수 있다고. 춤도 출 수 있다고. 그러나 어떤 경우에도 꺼져가는 모닥불을 살리기 위해서 불 속에 나무를 던져 넣는 침팬지는 결코 없을 것이라고.

대부분의 사람들이 훈련된 물개같이 하등 동물처럼 일한다는 사실은, 끔찍하지만 피할 수 없는 진실이다.

사람들은 해야 한다는 의무감에서 일을 하고, 가능하면 적게 일하려고 한다. 그들은 감독관과 조련사를 필요로 하는 것이다.

백 년 전 기계가 발명되었을 때, 노동운동 지도자들은 치명적인 실수를 저질렀다. 노동계급을 더 유능한 인간으로 만들기 위해 기계를 다루는 교육을 시작한 것이 아니라, 기계에 반대하는 노동조직 속으로 인간들을 밀어 넣었다.

노동자들은 잘못된 지도자를 따랐다. 그들은 와트(James Watt, 스코틀랜드의 발명가 -옮긴이)나 아크라이트(Sir Richard Arcwright, 영국의 방적기계 발명가 -옮긴이)나 스티븐슨(George Stephenson, 영국의 증기기관 발명가 -옮긴이) 같은, '일' 하는 사람들을 따랐어야 했다.

노동자들은 기계를 환영하고 더 많은 기계가 발명되도록 도와야 했다. 그러나 그들은 기계와 싸웠고, 발명가들에게 돌을 던졌고, 산업 발달에 대해 저항했고, 그리고, 졌다. 그들은 그 어느 때보다 더 열등한 위치로 전락했다.

오늘날 공장에서 흔히 볼 수 있는 평균적인 노동자는 마치 회전축과 같다. 고용주는 그 회전축에 벨트를 끼워서 돌아가게 하고 노동자는 고용주가 힘을 준 딱 그만큼만 돌아간다.

이 이야기 속에 있는 진실은, 대부분의 노동자들이 자신을 노예로 간주한다는 것이다. 그들은 작업 시간에 마치 노예처럼 일하고 쉬는 시간에만 잠시 자유를 만끽한다. 거기에 그 사람들이 실패한 비밀이 있다. 그들은 자기 자신을 노예로 만들고 결과적으로 삶의 모든 부분을 노예의 것으로 만들어 버린다.

만일 그들이 일찍이 진실을 깨달았다면 어떤 감독으로부터도, 어떤 열등감으로부터도 자유로워질 수 있었을 것이다.

어떤 노동자도, 가장 낮은 직급의 노동자까지도, 상급자의 존경과 호의를 얻을 수 있다. 실제로 그런 일이 때때로 있다. 거짓말이 아니다.

어떤 노동자라도 자신의 일에서 더 많은 이득을 낼 수 있는 방법을 찾는 순간이나, 또 더 나은 작업 방법을 찾는 그 순간에 그는 의심할 바 없이 수많은 노동자들 속에서 두드러진 인물이 된다.

여분의 일까지 하라. 지시 받은 것을 넘어서는 일을 하라. 보답 받을 가능성이 없는 일까지 하라. 그것이 성공과 행복으로 향하는 먼 여정의 첫걸음이 된다.

성경에서 쉽게 접하는 말을 사람들은 이해하지 못한다. "누구든 너에게 1마일을 가게 하려는 자가 있다면, 그와 함께 2마일을 가라."

당신이 해야 하는 일만 한다면 그것은 노예를 의미한다. 당신을 자유롭게 만들어 주는 길은 강요되지 않은 일까지 자발적으로 하는 것이다. 그것이 바른 생각이다. 그리스도는 2천 년 전에 그 사실을 가르쳤다.

당신은 이렇게 말할지 모른다. "나는 내 자신의 주인이 되고 싶다." 그건 당신이 여전히 어둠 속에서 아무것도 이해하지 못하고 있다는 뜻이다. 그 말은 어리석은 소망을 드러낼 뿐이다. 누구도 그 자신의 주인이 아니다. 우리들 중 가장 위대한 이는 모든 사람의 종복이 되는 사람이다.

더 크고 더 자유로운 인간일수록 그의 의무와 책임은 더 위대해진다. 이 사실을 반드시 당신의 생각 속에 집어넣어야 한다.

이것은 노동조합이 결코 이해하지 못하는 위대한 진실이고, 대부분의 자본가들이 은밀하게 받아들여온 진실이다.

당신의 일을 최우선에 두어라. 그러면 일이 당신을 최우선의 인간으로 만들어줄 것이다. 세상의 모든 발명가들과 창조적인 사업가들은 이것이 사실이라는 점을 당신에게 말할 것이다.

이것이 발전과 승진의 비법이다. 소위 우리들이 행운이라고 말하는 것의 배후에 있는 진짜 이유다. 무슨 게임이건, 어디에 서건, 항상 승리하는 사람들이 취하는 행동이다.

한번은 내가 4만 명의 종업원들을 관리하는 매니저에게 어떻게 인생의 선두 그룹에 끼게 되었는지를 물었다.

"나는 사무실에서 일하는 평범한 직원이었습니다. 다른 120명의 직원들처럼요. 어느 휴일, 나는 지난주에 하던 일을 어떻게든 마무리해야겠다고 생각하면서 사무실의 책상에 앉아 일을 하고 있었습니다. 그때 매니저가 나를 보았어요. 나는 다음 주에 승진했지요. 그것이 내가 동료들보다 앞서게 된 시작이었고, 그 후로 나는 계속 그 페이스를 유지했습니다."

지시받은 것만을 수행하라. 그러면 어디서도 당신은 앞자리에 서지 못한다. 그건 단지 훈련된 물개같이 될 뿐이다.

지시받은 것보다 조금만, 조금만 더 수행하라. 그것이 당신을 힘 있는 자리로 인도한다. 그것이 부를 창조하고, 부보다 더 큰 가치인 당신의 품성을 창조한다.

  이 충고 하나만으로도 당신은 행복해질 수 있다. 그리고 그것은 거의 모든 위대한 성공의 시작이 된다.

2. 당신보다 나은 사람으로부터 배워라

> 자만심과 허세를 버리고
> 유연하고 열린 마음을 가져라

　젊었을 때, 나는 열렬한 영웅숭배자였다. 칼라일(Thomas Carlyle, 영국의 역사가이자 비평가 -옮긴이)은 내게 과거의 위대했던 인간들에 대한 존경심을 갖도록 가르쳐주었고, 스테드(William Thomas Stead, 영국의 언론인 -옮긴이)는 현재의 위대한 인간들에 대한 존경심을 갖도록 가르쳐주었다.

　나는 스테드가 1890년에 발행한 『논평들에 대한 논평』을 구독했다. 그 잡지는 당시에 가장 잘나가던 책이었다.

　스테드는 현재의 위대함에 대해서 내 눈을 뜨게 해주었다.

그는 『이달의 위인들』이라는 논문을 연재했다.

  그는 컬럼버스나 샤를마뉴(Charlemagne, 8세기 경 유럽의 거의 모든 지역을 통일하여 서구 봉건체제 확립의 시초가 된 지방분권제를 시행하고, 정복한 지역에 널리 기독교를 전파했던 왕 -옮긴이)나 한니발 같은 위대한 인간들에 의해서 역사가 만들어진다고 했다.

  스테드는 선하건 악하건 평범하건 비범하건, 모든 종류의 아이디어가 있는 사람이었다. 그는 수만 명의 사람으로 하여금 생각을 하게 했다. 그는 인류를 괴롭히던 미몽에서 사람들을 깨어나게 했고, 문명의 발달에 흥미를 갖도록 가르쳤다.

  내가 사실대로 실토하자면 이 레슨 2는 순전히 그로부터 배운 것이다. 배움을 갈망하게 나를 일깨운 것도 그였고, 모든 종류의 놀라운 것에 대한 소망을 가지게 한 것도 그였다.

  후에 나는 이 성공과 행복의 비밀을 1894년 보스톤에서 알게 된 헤일(Edward Everett Hale, 미국의 작가이자 성직자 -옮긴이)로부터 더 정확하게 배웠다. 그때 그는 70세였는데, 미국 문학계에서 가장 저명한 사람이었다.

  헤일은 내게 이렇게 말했다. "위를 봐. 아래를 보지 말고. 밖을 봐. 안을 보지 말고. 앞을 봐. 뒤돌아보지 말고. 그리고는 도움을 필요로 하는 사람에게 손을 내밀어."

그는 내게 세상에서 행해지는 악은 대부분 이기심과 기만, 퇴폐, 인습 등에서 비롯된 것이라고 가르쳤다. 그리고 그 치료법은 항상 앞을 똑바로 바라보는 것과 약자에게 손을 내미는 것, 그 두 가지라고 했다.

늘 머리에 자만심이 가득하다는 것은 무지의 증거다. 성공과 행복을 얻고자 하는 사람은 누구나 자기기만, 자만심, 허세, 이 세 가지를 버려야 한다.

현명한 사람들은 언제나 어디에서나 이렇게 말한다. "이 세상에 나보다 더 나은 사람들이 많다는 사실에 대해 나는 신에게 감사한다."

모든 면의 민주화라는 허울만 좋은 요즘에는 '우리들 각자의 나은 점들'이라는 훌륭한 표현이 더 이상 통용되지 않는다. 누구나 어느 한 가지 점에서는 남보다 더 잘할 수 있다는 것은 사실 아닌가?

모든 면에서 남보다 훌륭한 인간은 없는 것 아닌가? 회사에서 가장 영리한 사장은 경험 많은 사원으로부터 많은 것을 배운다. 나폴레옹도 알고 싶은 것이 있으면 부하들로부터 배웠다. 이와 같이 우리는 거의 모든 타인으로부터 배울 점이 있다.

그렇다면 직장에서 우리보다 더 훌륭한 위치에 있는 사람들에게는 얼마나 배울 것이 많겠는가?

톱의 자리에 올라간 사람에 대한 당신의 태도는 어떤가? 이것은 핵심적인 질문이다. 당신은 그들에게 냉소를 보내고 그들의 행운만을 지적하는가? 아니면 그들의 아이디어와 일하는 방식을 연구하는가?

에머슨(Ralph W. Emerson, 19세기 미국의 철학자이자 수필가, 시인 —옮긴이)이 말한 능률을 올리기 위한 열두 가지 법칙 중 하나는 '적절한 조언'이다. 바로 전문적인 조언을 뜻한다. 그것은 당신이 50%의 능력을 가진 누군가의 도움을 받을 수 있다면 결코 당신이 가진 20%의 능력에 전적으로 의지해서 일을 해서는 안 된다는 의미다.

남의 도움으로 50%를 이룰 수 있는데, 자신의 능력만 고집해서 20%밖에 이루지 못하는 것처럼 어리석은 일도 없다.

배우겠다는 자세, 바로 그것이 지혜의 시작이다. 열린 마음, 남들과 소통하겠다는 마음을 가져라. 이 급변하는 세상에서 자기 혼자 힘만으로 서 있을 수 있는 사람은 없다.

누군가가 "나는 그 업무를 처음부터 끝까지 완전하게 알고 있다"라고 큰소리치는 사람은 사실 자기는 그 업무의 반도 모르고 있다는 것을 공표하는 것이나 마찬가지다.

이 어리석은 자만심은 최근 "사람은 누구나 다 평등한 능력을 가졌다"라는 정치적 도그마 때문에 점점 더 증가하는 추세다.

글래스고(Glasgow, 스코틀랜드의 항구도시 −옮긴이)의 한 시의회 의원은 최근 숙련된 노동자들에게 높은 월급을 지급하는 것에 대해 반대했다. 그리고는 그 이유를 이렇게 말했다. "누구든지 나보다 월급을 더 많이 받는 사람을 위해서는 투표하지 않을 생각이오."

어느 누구라도, 자기 자신보다 더 훌륭한 사람은 없다는 것을 공공연히 드러내어서는 안 되는 법이다.

그러나, 그런 어리석은 자만심은 톱의 위치에 오른 사람들을 조롱하는 정치인과 사회주의자들의 습관이 되었다. 교수들과 소설가들도 너무 자주 그런 조롱을 따라 했다.

정글 속의 원숭이들은 코끼리에게 코코넛을 던지고 놀리면서 즐거워한다. 그 순간은, 자신들이 원숭이라는 사실을 잊는 것이다.

보잘것없는 사람들은 언제나 의자에 깊숙이 몸을 파묻고 남들을 경멸한다. 바로 그것이 왜 그들이 보잘것없는 사람으로 남아 있는가를 말해주고 있다.

만일 어떤 사람이 지혜의 가치에 대해 진심에서 우러나는 고마움을 가지지 않는다면, 그 사람이 어떻게 현명해질 수 있겠는가?

만일 그가 성공이라는 것이 능력과 인내에 의해서가 아니라 행운과 기만에 의해 얻어지는 것이라고 믿는다면, 그는 어떻게 성공할 수 있겠는가?

만일 그가 자신보다 위에 위치한 사람에게 진실한 충성스러움을 보여주지 않는다면, 그는 어떻게 다른 사람으로부터 충성스러움을 기대할 수 있겠는가?

누구도 노예가 되어서는 안 된다. 그러나 앞서가는 사람의 뒤에서 얼굴을 찌푸리는 사람은 언제나 노예근성에 젖어 있는 사람이다.

사람은 누구나 자신이 속해 있는 직업이나 사업에서 사실에 직면해야 한다. 거기서 그는 자신보다 뛰어난 사람들의 리스트를 가지고 있어야 한다. 그는 자신이 거기서 5등인지, 50등인지, 500등인지를 알려고 노력해야 한다. 자신보다 뛰어난 사람들의 방법과 아이디어를 배우려고 노력해야 한다.

지혜로우면 지혜로울수록 사람은 겸손하다는 것을 알게 될 것이다.

그리고 당신이 위대해질수록, 당신은 더 위대한 사람들을 더 존경하게 된다.

3. 불운한 사람에게 도움의 손길을 내밀어라

부자이지만 실패한 다섯 가지 유형이 있다

이번 레슨의 내용은 당신에게 찾아온 행운의 일부를 항상 다른 사람에게 전해주라는 것이다. 누가 당신에게 25센트를 주었다면 그중 5센트를 가난한 아이에게 주어라. 운이 좋아 당신이 25달러를 벌었다면 당신의 누나 어머니에게 5달러를 주고, 2만 5천 달러를 벌었다면 천 달러는 가난한 요양소에 기부하라.

기억하라. 그것은 순전히 당신을 위해서다. 천국으로 가기 위한 대가도 아니고 지옥을 피하기 위한 뇌물도 아니다. 그것은 성공과 행복을 거머쥐기 위한 하나의 길이다.

배워라. 그리고 가르쳐라.

구하라. 그리고 베풀어라.

이것이 인생의 법칙이다. 이것이 인간성의 원칙이다. 이것은 법률에 의해서도 바뀔 수 없는 근본적인 사실들 중 하나다.

앤드류 카네기처럼 위대하게 될 수 있는 사람도 극히 드물고, 3억 달러를 기부할 수 있는 사람도 극히 드물다. 그러나 누구나 남을 위해 하루에 20분의 시간은 쓸 수 있다. 누구나 남들을 도울 수 있는 법이다.

내가 말하고자 하는 요점은, 당신이 지극히 현명해지거나 굉장한 부자가 될 때까지 기다리지 말고, 지금 즉시 남을 이끌어주고 남에게 도움을 주어야 한다는 것이다.

당신이 5백 달러를 가졌을 때 남을 도울 수 없다면, 5백만 달러를 가져도 당신은 남을 도울 수 없는 사람이다.

사실상, 통계상으로 볼 때 가난한 사람들이 부자들보다 기부 행위를 더 자주 하는 것으로 나타나 있다. 부자가 가난한 사람을 돕는 것보다 가난한 사람들끼리 서로 돕는 경우가 더 많다는 것이다. 빈민촌에서 살아본 사람은 그 사실을 잘 안다.

건강의 법칙은, 충분한 에너지를 얻고 그 에너지를 얻은 만큼 소비하는데 있다. 마찬가지로 정신과 도덕의 건강은 구하고, 얻고, 그리고 베푸는 데 있다.

당신이 매일 선행을 쌓는 진실한 삶을 산다면, 설사 록펠러 가문이 그 거대한 재산으로 당신을 해치려 한다고 해도 당신의 털끝 하나 건드리지 못 할 것이다.

성공한다는 것은 위험한 일이다. 이 말이 의심스럽거든 지금 당장 남에게 베풀 줄 모르는 부자들의 모임에 가서 그들의 굳은 얼굴을 보라. 아귀 같은 입과 늘어진 가죽 같은 콧구멍과 탁한 눈을 보라.

배려나 애정이 없는, 포근한 가정의 삶이라고는 없는 소위 속물근성이 가득한 부자들의 집을 보라.

아버지는 오직 돈만을 생각한다. 어머니는 오직 겉치장만 생각한다. 자식들은 오직 스포츠와 오락만 생각한다. 누구도 다른 가족에 대한 배려가 없다. 그것이 이 세상의 돈밖에 모르는 대부분 갑부들의 삶이다.

그 같은 가정에서 자란 어린이들은 쉽게 타락한다. 그리고 결국에는 그 부모가 이룬 모든 것들을 탕진한다.

그런 가정의 어린이들은 의무에 대해서 배우지 않고 양육되었다. 하인들이 그들을 시중들었고, 그 아이들은 다른 사람 누구를 위해서도 도움을 주거나 시중드는 법을 배우지 못 했다.

그 아이가 자라서 사업을 하게 되면 무자비한 사람이 된다. 그리고 자신에게 주어진 책임이 지나치게 무겁다고 생각한다. 무거운 책임감은 인간을 심각하게 만든다. 그리고 보통 그 책임감들이 인간을 경직되게 한다.

사람이 대가를 지불하지 않고 돈을 벌 수 없지만, 대부분의 사람들은 돈을 벌기 위해 너무 많은 대가를 지불한다. 돈을 벌기 위해 자기 자신을 파는 것이다.

언젠가 앤드류 카네기가 내게 말했듯이 '극소수의 백만장자만 웃으면서 산다.' 돈밖에 모르는 대부분의 부자들은 자신의 삶 속에 내재되어 있는 기쁨과 친절함과 사교성을 잃어버렸다. 카네기는 그렇지 않았다. 그는 지극히 보기 드문 사람이었다.

문제는 남들을 모두 배려하면서 어떻게 당신 사업의 이익을 추구할 수 있느냐 하는 것이다. 그것은 가능한 얘기다. 인정 많고 타인에게 친절하면서도 성공한 사업가는 실제로 수없이 많다.

어떻게 자기중심주의와 불건전함을 피할 수 있을까! 자신의 행운이 점점 커지면서 어떻게 친구들과의 우정을 더 단단히 할 수 있을까! 인간다움을 유지하면서 어떻게 부자가 될 수 있을까! 이런 것들이 성공과 행복을 얻기 위해 넘어서야 할 문제들이다.

사람은 자신에게 약간의 남는 힘이 있다는 사실을 깨달은 즉시, 설사 도움을 받는 대상이 절름발이 개라고 할지라고 그 개가 문턱을 넘을 수 있게 매일 도와주는 습관을 들여야 한다. 만일 젊은 사람이 낮은 곳에서 높은 곳으로 기어오르려는 것을 보았다면 손을 내밀어주어야 한다. 아무런 도움도 기대하지 못하는 사람과 자기 자신 외에는 기댈 곳이 없는 사람들에게 도움의 손길을 주어야 한다. 이 두 부류의 사람들만 도우면 된다. 게으름 피우는 사람이나 태만한 사람, 푸념과 신세한탄만 하는 사람, 남에게 빌붙기 좋아하는 사람을 도와서는 안 된다.

이런 사람을 제외한 대부분의 평범한 사람들은 바른 마음을 가지고 있고, 도울 가치가 있는 사람들이다. 그 많은 사람들은 단지 조금의 도움만 필요할 뿐이다.

당신이 아무리 똑똑하다고 해도 항상 겸손한 사람들과의 친분을 유지해야 한다. 개나 말이 아니라, 경리장부가 아니라, 감독관이 아니라, '인간'과의 관계를 유지해야 한다.

당신의 직원 가운데 아픈 사람이 없는가 체크하는 것으로는 충분치 않다. 그것은 인간과의 관계를 유지하는 것이 아니다. 당신의 종업원 중에 아픈 사람이 있다면 직접 병원으로 가서

들여다보라. 그냥 들리는 것보다는 꽃과 책을 가지고 가는 편이 낫다.

너무도 많은 자본가들이 스스로 만들어 놓은 시스템에 발목을 잡혀 있다. 그들 자신이 거대하고 기계적인 시스템을 만들어 놓고 그 시스템 속에서 빠져나오지 못하고 있다. 그들은 마치 커다란 소시지 기계를 만들어서 그 속에 뛰어들어 스스로 볼로냐 소시지(대형훈제소시지 - 옮긴이)가 되는 어리석은 사람과 같다.

비록 유명인사가 되었거나 부자가 되었더라도 실패한 인생을 사는 사람의 다섯 가지 유형이 있다. 그 유형들은 다음과 같다.

(1) 기계: 무엇보다 창의성이라곤 눈곱 만큼도 없는, 기계적으로 판에 박힌 일만 하는 사람들을 들 수 있다. 그런 사람들이 때로는 효율적인 경우도 있다. 그러나 그런 사람은 성공을 위해 너무나 많은 대가를 지불한다. 때때로 부러움의 대상이 되기도 하지만 그의 마음 깊은 곳을 들여다보면 거기에는 재와 찌꺼기밖에 없다.

(2) **구두쇠**: 그는 손에 넣은 모든 것을 잽싸게 거머쥔다. 그는 무엇보다 황금과 물질을 사랑한다. 그는 소유하는 것에 무한한 기쁨을 느끼지만 그의 기쁨은 결국 공포와 덧없음으로 바뀐다.

(3) **은둔**: 그는 구두쇠가 황금을 남몰래 저장하듯이 인간의 감정들을 남몰래 저장해둔다. 그는 책벌레이거나 골동품 수집가이거나 혹은 혼자서 하는 무엇인가를 취미로 가지고 있는 사람이다. 그런 사람들은 때때로 이상한 방법으로 행복해 하지만, 사람과의 관계에서 진실한 인간이 되는 법은 알지 못한다. 아무리 명석하다고 해도 그들 스스로는 인간 본성의 작은 파편 조각에 지나지 않는다.

(4) **속물**: 자기보다 아래에 있는 사람들을 경멸하는 타입이다. 그는 윗사람에게는 아첨하고 아랫사람에게는 폭군이 된다.

(5) **짐승**: 자기보다 아래에 있는 사람들에게 잔인한 타입이다. 비즈니스 세계에 이런 타입이 많다. 그들은 힘과 권위를 존중하고, 지배하고 통제하고 싶어 한다. 그들은 때로 성공도 하지만 항상 증오의 대상이 된다.

위에 열거한 다섯 가지 유형의 인간이 되는 것을 피하는 가장 좋은 방법은 이 세 번째 레슨의 내용을 가슴에 새기고 당신보다 불운한 사람들에게 도움의 손길을 내미는 것이다.

인생이 당신을 썩게 하지 않고 익게 해야 한다. 당신을 시게 하는 것이 아니라 달게 해야 한다. 인생이 당신으로 하여금 지금 막 경력을 쌓아가려는 젊은이나 어린이들을 좋아하는 사람으로 만들어야 한다.

도움을 주어라. 따뜻한 가슴을 지녀라. 감사의 보답을 바라지 말라. 그런 보답을 바란다면 당신은 조금밖에 얻지 못할 것이다.

보통의 경우, 당신이 언덕을 힘겹게 오르는 사람을 도와주어도 그는 모퉁이를 돌자마자 당신을 잊을 것이다. 그러나 무슨 상관인가? 당신은 그에게 선행을 베푼 것이다. 당신은 그로 하여금 마음으로부터 인간의 선행과 친절함을 믿게 했다. 당신은 그에게서 회의를 몰아냈다. 그것이 얼마나 위대한 일인가?

당신은 사기도 당할 것이다. 자주 당할 수도 있다. 만일 내가 사기를 당했을 때마다 머리카락을 잃었다고 친다면 아마 지금쯤 대머리가 되어 있을 것이다. 그러나 어쩌라고? 세상에 도둑놈이 많다고 해서 내가 욕심 많은 돼지같이 행동해야 하는가?

"받는 것보다는 주는 것이 훨씬 더 은총을 받는 일이다." 이 말은 비즈니스의 좌우명이다. 그것은 이 세상의 모든 진실 중에서 가장 진실한 말이다.

남들에게 주어서 더불어 쓰지 않는다면 도대체 돈이라는 것이 무엇이겠는가?

남들에게 가르치지 않는다면 도대체 지식이라는 것이 무엇이겠는가?

남들을 돕지 않는다면 도대체 힘이라는 것이 무엇이겠는가?

인류라는 것은 수없이 많은 가닥으로 이루어진 로프와 같은 것이다. 우리들은 모두 로프의 가닥이다. 로프를 튼튼하게 만드는 것은 무엇인가? 그건 긴 가닥들과 단단한 꼬임이다. 우리도 그래야 한다. 당신이 긴 가닥이라면 당신의 동료 가닥들과 단단히 꼬여야 한다. 그것이 인류라는 로프의 가닥을 강하게 만들 수 있게 하는 당신의 역할이다.

당신이 남들과 더불어 꼬이지 않은 짧은 가닥에 불과하다면 당신은 먼지와 같이 흔적도 없이 날려버릴 지푸라기가 되어버릴 것이다.

가진 것을 남들에게 주고, 돕고, 가르쳐라.

4. 두려움을 없애라

자신에게 진실하다면
누구도 당신을 해칠 수 없다

"무섭다, 무섭다, 무섭다" 우리는 하루에도 수없이 이 말을 한다. 그리고 우리는 왜 그렇게 성공하기가 힘들고 행복해지기가 어려운지 의아하게 여긴다.

만일 당신이 안전함만을 찾는데 전 생애를 쏟는다면 아마 당신은 바라던 안전함을 얻을 수 있을 것이다. 그리고 그 안전하다는 것의 가치가 얼마나 보잘것없는가도 알게 될 것이다.

안전하다는 것은 결코 성공도 아니고 행복도 아니다. 그것은 소극적인 의미밖에 없다. 그 자체로는 가치가 없다. 그것은 다만 상처입지 않는다는 것뿐이다. 그러나 지금도 수없이 많은 사람들이 단지 안전함을 구하려고 그들의 생을 낭비하고 있다.

비즈니스는 두려움으로 가득 차 있는 세계다. 자신의 생을 가치 있게 만들기 위해서 숨기고, 피하고, 달리고 있는 수많은 사람들로 가득 찬 세계다.

마치 정글에 있는 동물들이 항상 그 무엇인가를 경계하듯이 인간 세계에서도 두려움으로부터 완전히 벗어나 있는 사람은 없다.

작은 어린아이는 어둠을 두려워한다. 그 두려움에 대해서는 세상을 더 잘 알고 있는 어머니가 가르쳐야 한다.

소년이 되면 두려움은 조금 더 작아진다. 그러나 그 소년 역시도 길을 건너오는 개나, 몸집이 더 큰 소년이나 아버지는 두려워한다.

어른이 되면 파산이나, 소문, 악평 등을 두려워한다.

두려움은 우리의 피 속에서 생겨나는 것이다. 우리의 잠재의식 자체가 두려움으로 가득 채워져 있는 것으로 보일 때도 있다.

우리들 도시인 중에 얼마나 많은 사람이 한밤중에 산을 혼자 오를 수 있겠는가? 얼마나 많은 사람이 밤에 혼자서도 행복하게 잠들 수 있겠는가? 아마 많지 않을 것이다.

전쟁터와 마찬가지로 비즈니스 현장에서도 인간은 시력을 잃고 머리가 돌아버리는 불합리한 공포에서 연유하는 발작을 일으킬 수 있고, 충격에 의한 기억상실증에도 걸릴 수 있다.

몇 년 전, 런던 남부에 살던 내 이웃 중의 한사람은 구리에 투자를 했다가 재산의 대부분을 잃어버렸다.

"나는 망했어." 그렇게 말하고는 무척 아름다웠던 자기의 아내를 권총으로 쏘고 자신도 자살했다. 두 사람의 장례식을 치르고 난 후, 그의 저축 잔고에서 40만 달러가 발견되었다. (이 책이 발간되던 1926년 당시의 40만 달러면 현재 가치로 액면가의 10배 이상은 족히 될 것이다 -옮긴이) 바로 그것이 내가 말하는 발작적 공포다. 그건 세상에서 가장 소름끼치는 것 중 하나다.

대부분의 사업가들은 불경기에 이런 발작적 공포를 겪는다. 그럴 때 사업가들은 주문을 취소하고 직원을 해고하고 광고를 중단하고 스스로를 침잠시킨다.

대체로 인간을 공포에 질리게 하는 것은 이미 일어난 사건이 아니라 앞으로 일어날까봐 두려운 사건이다. 대부분의 사람들은 미처 다치기도 전에 비명부터 지르는 것이다.

사람들은 또 협박으로부터 공포를 느끼는데 사실상 협박은

말일 뿐이다. 몇 년 전부터 나는 어떤 종류의 일이건 다른 사람의 협박 때문에 실제 행동을 취하지는 않기로 방침을 정했다. 그건 매우 훌륭한 방침이었다.

어떤 기업가가 "내가 말한 것을 해놓지 않으면 후회하게 될 거야"라고 당신에게 말한다면 그 일을 해서는 절대로 안 된다. 만일 당신이 협박에 굴복했다는 것이 한번 소문나면 당신의 인생은 협박꾼과 허풍쟁이들 때문에 비참해질 것이다.

협박과 익명의 투서들에 대해 당당히 맞서라. 그것은 비겁한 자들의 무기일 뿐이다. 협박이 당신을 죽일 수 없다는 것을 사람들이 깨닫게 될 때 당신은 영원히 살 수 있다.

가능하다면 당신이 좋아하는 사람들과 평화롭게 사는 것이 최선의 삶이다. 그러나 인생은 때때로 싸워야 할 때가 있는 법이다. 그때가 오면 당신은 이기건 지건 싸워야 한다. 아니면 굴복을 감수해야 한다.

너무나 많은, 선하고 능력 있는 사람들이 남들에게 어떻게 보일까 하는 것을 두려워한 나머지 파멸한다. 어떤 사람들은 친구들에게서조차 두려움을 느끼고 어떤 사람들은 자기 가족들에게서 공포를 느끼기도 한다.

사실, 그 어떤 사람도 위험이나 남들의 비난에서 자유로울 수 없다. 당신은 절대로 한 번도 비난받지 않거나 절대적으로 안전하기만 한 인생을 살 수는 없다. 그 사실을 안다면, 왜 남들의 비난과 위험을 걱정하는가?

언제나, 어디에서나 가장 성공한 사람들의 특징은 남들로부터 질시어린 비난을 받는 사람들이고 극도의 위험을 감수한 사람들이라는 점이다. 비즈니스를 이끄는 사람들에게 직접 물어보라.

리더십의 대가는 비난과 중상이다. 부의 대가는 모험이다. 큰 이득에는 반드시 모험이 따른다. 만일 당신이 100%의 이익을 원한다면 '위험'에 투자하라.

넓고 편안한 길을 가는 수많은 사람들을 볼 때마다 나는 혼잣말을 하곤 한다. "그 길은 가봐야 별 소용이 없어. 거기에서 얻을 수 있는 이익은 단지 3%뿐이야." 그러나 좁고 바위투성이고 '접근금지, 지나가면 처벌합니다'라는 경고문이 붙어 있고 높은 담장으로 둘러쳐 있는 길을 보면 나는 이렇게 말한다. "이거야! 이 담을 넘어야 하겠어. 건너편에는 100%의 이익이 나를 기다리고 있어."

우리는 인생에서 결코 모험이나 위험을 제거할 수 없다. 만일 우리가 모험이나 위험을 완전히 제거할 수 있다면 그 인생은 살만한 가치가 없게 될 것이다. 위험은 약한 사람들 중에서 강한 사람을 가려낸다. 위험은 발전의 척도다. 최적의 생존 능력을 부여한다. 위험은 행운을 만들고 더 낫게는 명성을 얻어 준다.

우리에게 필요한 것은 더 위험한 그 무엇이지, 덜 위험한 것이 아니다. 우리는 너무 연약해졌고, 너무 쉬운 것을 좋아하게 되었고, 주말의 게으름이 너무 몸에 익숙해져 버렸다.

우리는 보험회사에서 교훈을 얻어야 한다. 그들은 위험을 구매한다. 아마 당신은 그런 생각을 못 했을 것이다. 사람들은 위험을 제거하기 위해서 많은 돈을 지불하지만 사실상 위험은 그 돈보다 훨씬 적은 것으로 막을 수 있거나, 혹은 감수할 수 있다.

영국의 로이드 해상보험협회를 보라. 그 협회는 마치 지브롤터 해협처럼 236년간이나 견고하게 유지되고 있다. 그 협회는 위험을 감수하는 조건으로 연간 15억 달러를 벌고 있다.

로이드 협회에는 1,000개의 회사가 가입해 있다. 그 협회의 사람들은 의심할 바 없이 런던에서 가장 쾌활하고 만족한 생활을 하고 있다. 그들은 결코 발작적 공포에 질리거나 자기 아내를 쏴 죽이지 않을 사람들이다. 그들은 다른 사람의 위험을 대신 짊어지는 것보다 더 안전한 비즈니스는 없다는 것을 아는 사람들이다. 그들은 인간이 느끼는 공포 중에서 95%가 쓸데없는 망상이라는 사실을 정확하게 알고 있는 사람들이다.

당신이 길을 건널 때는 '안전제일'을 최우선으로 해야 한다. 그러나 당신이 비즈니스를 할 때는 '안전제일'이라는 말을 쓰레기통에 던져 버려야 한다.

가끔, 당신은 두려울 때가 있을 것이다. 그럴 때는 자신을 타일러야 한다. "내가 스스로 주저앉을 이유는 그 어디에도 없어." 그리고 이렇게 말하라. "나는 무섭다. 그러나 나는 공포 따위는 찔러 죽여 버릴 각오가 되어 있다." 그리고 공포 때문에 이빨이 덜덜 떨릴 지경이라도 재빠르게 몸을 곧추 세워라.

두려움에 직면하라. 그 두려움 속으로 걸어 들어가라. 그러면 당신은 그 두려움의 실체가 얼마나 보잘것없는 것인가를 절감하게 될 것이다.

두려워서 사람들이 하지 못하는 일을 하라.

증시가 폭락할 때 매입하고 증시가 활황일 때 팔아라. 그러면 당신은 이익금을 싣고 갈 택시를 전세내야 할 것이다.

만일 당신이 곤경에 처해있을 때는 스스로에게 이렇게 물어라. "일어날 수 있는 최악의 일은 무엇인가?" 그 질문을 곰곰이 생각해보면 최악의 일이라는 것도 당신이 막연히 느끼던 것처럼 끔찍하지는 않다는 사실을 알게 된다.

겁에 질려서 이렇게 말할 수도 있다. "최악의 일이 죽음이라면?" 언제부터 죽음이라는 것이 명성이나 인격의 완성보다 중요하게 되었는가?

정말로 죽음이 당신에게 크나큰 위협이 된다면, 당신의 인생이라는 작은 드라마의 막이 내려지려 한다면, 마지막을 위대하게 장식하라. 자살자나 겁쟁이로 당신 인생의 막이 내려지게 해서는 안 된다.

용기! 그것이야말로 우리가 진실로 소유할 수 있는 것 중에서 가장 드물고 가치 있는 것이다. 그것은 학교에서도 교회에서도 가르쳐주지 않는다. 모든 인간은 스스로 깨우쳐야 한다.

위험은 자양분이다. 위험은 인간 내면의 필요불가결한 것이다. 당신은 패배해 보기 전까지는 훌륭한 패배자가 될 수 없다.

당신의 인생에서 두려움을 제거하라는 이 충고를 왜 당신의 인생 법칙 중의 하나로 택해야 하는 가에 대한 답이 여기 있다. 자기 자신에게 진실하다면 아무도 당신을 해칠 수 없다.

5. 하루 그 자체를 완벽한 삶으로 살아라

당신의 가치 있는 하루를
타성에 젖어 낭비하지 말라

인생은 '매년'이라는 해가 아니라 '매일'의 날들로 이루어져 있다. 우리들 중의 많은 사람들은 생의 뚜렷한 목적 없이 표류하고 있고, 그러다가 끝내는 죽음이라는 곳에 이른다는 사실을 잊고 산다.

시간은 무한하지만 우리가 부여받은 것은 그 중의 극히 일부다. 그렇기 때문에 우리가 무엇인가 이루려고 한다면 빨리 해야 한다.

인생을 엮어가는 것은 시간이다. 세상에 시간처럼 귀중하고 가치 있는 것은 없다.

정말로 완벽하게, 훌륭하게, 생을 살아내기 위해서는 적어도 2백 년은 필요하다. 그러나 우리는 고작해야 70년이나 80년밖에 살지 못 한다.

시간은 금보다 귀중하다. 권력보다 귀중하다. 시간은 누구나 소유할 수 있지만 그 무엇보다 귀중하다. 그리고 정말 중요한 말인데, 거의 모든 사람은 그 시간이 다 지나가 버린 다음에야 시간의 귀중함에 대해서 다시 생각한다.

죽음을 앞둔 대부분의 노인들은 갑자기 삶에 대한 지혜가 언뜻 스치고 그가 무엇을 하며 살았는가에 대해 뒤돌아보게 된다. 그리고는 이렇게 말한다. "내 시간은 다 지나가 버렸어. 신이여! 나는 정말 어리석게 살아왔군요."

우리에게는 이제 허비할 날들이 더 이상 없다는 것을 알아야 한다. 우리는 하루하루를 인생을 알차게 채우는 데 사용해야 한다. 자신의 인생이 끝날 때까지 충분한 시간을 가진 사람은 아무도 없다.

그것이 우리가 하루를 타성에 젖어 허비하면 안 되는 이유다. 그것이 우리가 잠자리에 들기 전 두, 세 시간을 유용하게 써야 하는 이유다.

그것이 우리가 하루를 끝낼 때 친구들과 우정을 나누거나,

음악을 듣거나, 공부하거나, 건전한 오락을 하거나, 가족과 즐거운 시간을 보내야 하는 이유다.

슬픈 일이 생겼을 때를 제외하고는 웃지 않고 보내는 날이 없도록 하라. 책을 읽지 않고 보내는 날이 없도록 하라. 친구와 교류가 없이 보내는 날이 없도록 하라. 그것이야말로 당신이 하루를 완벽하게 보내는 확실한 방법이다.

시간을 잘게 쪼갤수록 좋다는 것은 능률의 원칙이다. 연간 보고서만 작성하는 회사는 확실히 비능률적인 회사다. 1년이라는 시간 단위는 너무 길다.

월간 보고서가 연간 보고서보다는 훨씬 가치 있고 주간 보고서는 월간 보고서보다 낫다. 일간 보고서는 최선이다.

만일 당신이 비즈니스를 하루 단위로 한다면 낭비를 줄일 기회가 일년에 3백 번 있는 셈이고, 실수를 바로잡을 기회도, 개선을 할 기회도 3백 번 있는 셈이다.

세계에서 가장 뛰어난 경영 능력을 보이는 회사는 스탠다드 오일 주식회사다. 그 회사 성공의 최대 비밀은 하루단위로 업무를 진행한다는 사실이다.

주말을 제외한 매일 스탠다드 오일 주식회사의 이사들은 오전 10시가 되면 큰 탁자에 둘러앉는다. 그리고 세계 각지로부터 오는 전보와 전신들을 보고, 듣는다. 그들은 언론에 의지하지 않는다. 그들은 원유가 나는 곳 어디에나 파견한 회사 소속의 리포터들로부터 보고를 듣는다. 그 보고를 듣고 난 후 그들은 그날 해야 할 일을 그 자리에서 결정한다.

그들은 결코 단 하루도 그 업무를 빼놓지 않는다. 바로 그것이 스탠다드 오일 주식회사가 수십억 달러의 가치를 지닌 회사로 성장한 비밀이다.

소매상은 상품을 얼마 만큼의 시간에 팔아치우느냐 하는 것이 능률의 척도다. 한 상점이 한 가지 품목을 일 년에 열 번 팔아치우는데, 같은 규모의 또 다른 상점은 다섯 번 팔아치운다면 두 상점은 똑같은 자본을 가지고도 처음의 상점이 두 배의 이익을 남기게 되는 셈이다.

공장도 역시 시간을 얼마나 유용하게 사용하는가가 능률의 척도다. 공장의 작업시간이 아니라 실제로 물건이 얼마나 생산되는가에 따라 능률이 결정된다.

일반적으로 생각할 때 보통의 공장에서 하루 8시간 근무를 한다고 여긴다. 그러나 잘못된 운영과 작업의 연기 등으로 실제 기계가 작동하는 시간은 5시간 남짓일 수도 있다.

실제로 당신은 몇 시간 일을 했는가? 아마 이 질문은 우리들 대다수 회사원들에게 던져야 할 질문일 것이다.

우리는 누구나 하루 24시간을 통째로 누린다. 그 24시간 중에서 창의적인 활동에 단 2시간이라도 투자하는 사람은 아마 거의 없을 것이다.

우리는 하루 8시간을 잠자고 8시간 일상 업무를 한다. 그리고 나머지 8시간 동안 자기계발이나 휴식을 취한다. 보통 우리는 이 8시간을 보잘것없는 일로 허비하거나 무료한 휴식으로 보낸다. 만일 그 중에 2시간만이라도 잘 이용할 수 있다면 우리는 확실히 더 나은 인생을 살 수 있다.

과학적으로 말하자면 시간은 아무 것도 아니다. 다가오는 미래는 끊임없이 과거가 된다. 이 흐름을 우리는 시간이라고 부를 뿐이다.

희망이라는 것과 기억이라는 것이 없다면 실제로는 미래도 과거도 없다. 사실, '지금'이라는 것만 있을 뿐 '시간'이라는 것은 실재하지 않는다. '시간'이라는 것은 인간이 실생활에 이용하기 위해 만든 개념일 뿐이다.

25세 된 청년은 80세 된 노인보다 더 많은 시간을 가졌다고 할 수 있는데, 그 이유는 그 청년이 과거로 흘러갈 시간을 더 많이 움켜쥐고 자기 자신의 것으로 만들 수 있기 때문이다.

대부분의 사람은 과거나 미래에 의해서 속는다. 보통, 사람들이 그 생의 전반기에는 미래를 꿈꾼다. 그리고는 생의 후반기에는 과거를 꿈꾼다. 그렇게 해서 그는 생의 전반기도 후반기도 모두 잃어버리는 것이다.

하루하루를 충실히 살면 그런 어리석은 일은 충분히 피할 수 있다. 그 말은 하루살이처럼 살라는 의미나 원대한 계획을 세워서는 안 된다는 의미가 아니다. 내가 말하는 요지는 매일매일을 우리에게 뭔가 가치 있는 날들로 만들어야 한다는 것이다.

"행동하라. 행동하라. 현재에 충실하게 행동하라." 그것이 시간을 얻는 최선의 방법이다.

후회도 없고 두려움도 없다! 내가 할 수 없는 일이 무엇인지 걱정하지 말고, 내일 무슨 일이 일어날 것인가 걱정하지 말라. 바로 그것이 얽매이지 않는 삶을 사는 방법이다.

우리는 정처 없이 떠돌아서도 안 되고, 마냥 뒤로 미루어서도 안 되고, 기약 없이 기다려서도 안 된다. 우리는 그 무엇이든 기다릴 시간이 없다. 우리는 행동해야 하고, 그것도 즉시 해야 한다.

수전노들처럼 돈을 모으기 위해 행복을 잠시 뒤로 미룬다고 생각해서는 안 된다. 재산을 모으기 위해 비열하게 살지 말라.

무엇보다 먼저 당신의 능력으로 이룰 수 있는 최선의 가정을 이루어라. 그리고는 가정에서부터 생의 풍족함을 채우도록 하라.

당신이 이미 가지고 있는 것에 대해서 감사하라. 그러면 당신은 더 많이 가지게 된다. 그리고 매일매일 당신의 성공과 행복이 아주 조금씩 늘어나게 하라.

희망이라는 단어에 너무 많은 것을 기대지 말라. 1온스의 행복은 1톤의 희망과 맞먹는다. 행동 없이 희망만을 가지고 있다는 것은 당신이 당신 자신에게 바보짓을 하고 있다는 말이다.

왜 기다리는가? 사람들이 기꺼이 반기는 빛나는 날들이 앞에 있는데. 당신은 한 달 내내 가슴 두근거리는 날들로 채우는 인생을 살 수 있는데.

하루살이는 햇빛 속에서 단 하루만 산다. 그리고 죽는다. 그러나 그들은 살아간다. 그들은 날고, 날개짓하고, 서로 사랑한다. 그들은 나뭇잎 뒤에 웅크리고 앉아 희망만 품은 채 시간을 보내는 짓 따위는 하지 않는다.

매일을 충실히 산 50세의 남자는 1만 8천일이라는 훌륭한 날을 소유한 것이다. 그 누구도 그에게서 좋았던 그 날들을 뺏을 수는 없다.

당신의 생에서 하루를 단위로 하라. 하루라는 그 자체를 당신의 완벽한 생으로 만들어라.

그것이 당신으로 하여금 균형을 잡게 해 줄 것이다. 그 균형은 바로 건전함을 의미한다.

매일매일을 선행과 작은 즐거움과 사랑과 모험으로 채워서 값지게 하라.

의미 없이 반복되는 일상이 당신의 가치 있는 날들을 짓밟지 않도록 하라. 일상은 모든 것의 기초가 되지만 모든 것의 우위에 서지는 못하는 법이다.

비즈니스보다 당신이 위에 위치하라. 비즈니스에 휘둘리지 않도록 하라. 당신에게 돈이 있다면 그 돈의 일부를 삶의 방법을 개발하는데 쓰도록 하라.

이런 말을 한 현자가 있다. "우리들에게 매일 일용할 양식을 주옵소서." 그렇다, 매일이다. 우리가 일용할 매일의 양식과, 매일의 일과, 매일의 행복이다.

6. 사소한 일에 시간을 낭비하지 말라

> 큰 기회가 왔을 때
> 언제라도 거머쥘 수 있도록
> 항상 준비하고 있어야 한다

만일 당신이 행복과 성공을 함께 누리고 싶다면 인생에서 중요한 것과 하찮은 것을 분별하는 참되고 진실한 시각을 가져야 한다.

사소한 일에 당신의 에너지를 낭비해서는 안 된다. 사소한 일들에 에너지를 소진하여 정작 큰 기회가 왔을 때 당신에게 남아 있는 에너지가 없어서는 안 된다는 말이다.

당신이 차를 놓쳐서 빗속에 10분이나 서 있어야 할 일이 생겼다고 치자. 그게 무슨 큰일인가? 그러나 당신이 딸과 함께 배를 타고 해협을 건너다가 딸이 바다로 빠졌다고 생각해보라.

그것은 일생일대의 중요한 순간이다. 내가 말하는 중요한 일과 사소한 일은 바로 그런 차이다.

어떤 일이 발생했을 때 그 일을 냉정하고 정확하게 판단하는 훈련을 해야 한다. 냉정하고 정확하게 판단하는 마음은, 생각과는 달리 대부분의 사람들에게 결여되어 있다. 가장 유능한 경영자들만이 그 마음을 가지고 있다.

벽돌공이 3만 개의 벽돌을 쌓아서 집을 짓듯이 대부분의 사람들은 극히 사소한 것들로 그 인생을 채운다. 문제는 사소한 것들로 인생을 채운다는 그 자체보다, 거의 똑같은 형태로 벽돌을 쌓아 만든 집처럼 인생도 거의 똑같은 방식으로 허비한다는데 있다.

그들은 틀에 박힌 인생을 산다. 늘 하던 방식으로 먹고, 마시고, 잠자고, 일하고, 그날의 뉴스를 본다.

그런 삶이 때로 행복을 가져다주기는 하지만 결코 성공을 가져다주지는 못한다. 그리고 그것은 급이 낮은 행복이고, 우리가 때로 황금으로 착각하는 놋쇠와 같은 것이다.

그런 종류의 삶은 한 국가의 공공정책이나 사회주의에 있어서 이상적인 형태다. 위험도 없고 모험도 없고 흥분도 없다. 모든 것이 자동적이고 규칙적이다.

그런 삶은 우리들에게 일상적인 풍경 속에서 모든 것이 세심하게 정돈되어 있는 네덜란드의 그림들을 떠오르게 한다.

그 그림들은 행주와 주전자와 잘 닦인 접시들이 가지런히 놓인 부엌을 묘사하고 있다. 모든 것이 정확하고 정돈된 그림이지만 눈여겨볼 가치는 별로 없다.

그 그림들을 렘브란트의 그림들과 비교해 보라. 남자의 얼굴에는 생생한 빛이 언뜻 지나가고 주위는 어둡다. 당신이 결코 잊지 못 할, 그 삶을 위대하게 살아낸 인간의 얼굴이 거기 있는 것이다.

평균적인 사람들에게는 그 생활 전부가 사소한 것에 의해서 지배받는 것이 사실 아닌가? 아침을 먹으면서 부산떠는 것으로부터 하루를 시작하고, 슬리퍼를 벗고 파이프 담배를 문 채 잠자리에 들면서 괜한 소란을 피우면서 하루를 마치지 않는가?

평균적인 사람들에게 하루의 문제라는 것은 보통 이런 것이다. "내 우산 어디 갔지?" "이 잉크를 누가 쏟았어?" "내 셔츠 단추 보지 못했어?"

어떤 사람은 고함을 지르고 어떤 사람은 푸념한다. 어떤 사람은 격노하고 어떤 사람은 한탄한다. 그러나 알고 보면 이 모든 고함과 푸념과 격노와 한탄은 사실상 아무것도 아닌 일에 대한 반응이다.

대부분의 사람은 그럴 가치도 없는 일에 화를 낸다. 그렇게 되면 정말 급하고 화를 내야 할 일에 대해 내뿜어야 할 분노는 이미 더 이상 남아 있지 않게 된다. 많은 사람이 사소한 일을 중요한 것으로 간주하는 잘못을 범하고 있다.

책벌레들은 지브롤터(스페인 남부의 영국 식민도시 - 옮긴이)를 포기하는 것보다 부정관사를 정확하게 사용하는 것을 더 중요하게 간주한다. 그들은 대영제국이 파괴되는 것은 볼 수 있어도 문장을 잘못 쓰는 것은 용납하지 못한다. 얼마나 어리석은가!

강조해야 할 것을 강조하는 것이야말로 지혜의 정수다. 그것이야말로 사소한 것들 위에 우뚝 서 있는 위대함을 당신에게 보여주는 모든 탁월한 문화의 비밀이다.

러시아의 농부는 중요한 것이나 하찮은 것이나 구별 없이 모든 것을 고려한다. 그러면 그에게는 사실상 중요한 일이란 없다.

그 어느 것도 중요하지 않고, 우리는 결국 무로 돌아가는 아무것도 아닌 존재고, 인생은 죽음만이 치유할 수 있는 짧은 고

행이라는 것은 동양적 사고방식이다.

어느 정도 우리는 금욕주의자가 되어야 한다. 그러나 어느 정도까지만 그래야 한다. 금욕주의라는 것은 인내심처럼 지나치게 오래가지 않을 때에 한해서 미덕이다.

인간은 통나무처럼 침묵해야 할 때가 있다. 그리고 사자처럼 행동해야 할 때도 있다.

인생의 큰 기회라는 것이 언제 올지 모르기 때문에 우리는 언제나 준비태세를 갖추고 있어야 한다. 우리는 비축했던 힘을 언제 전부 쏟아 부을지 알아야 한다.

위대한 기회는 누구에게나 온다. 정말 그렇다. 그러나 대부분의 사람은 습관적인 일상에 젖어서, 또는 사소한 일에 신경을 쓰느라고 그 위대한 기회를 결코 보지 못한다.

마침내 기회가 왔을 때 가장 중요한 것은 준비가 되어 있어야 한다는 점이다. 너무나 많은 사람들이 뒤늦게 그 기회를 안다. 대부분 50대에 들어서서야 '그때 그럴 걸' 하고 후회하는 것이다.

컬럼버스가 알현을 간청했을 때 영국의 헨리 7세는 일생일대의 위대한 기회를 놓쳤다. 그는 세계의 역사를 뒤바꿀 기회를 가질 뻔 했던 것이다. 그러나 헨리 7세는 사냥하느라고 바빠서

컬럼버스를 알현할 시간이 없었다. 결과적으로 신대륙은 스페인에 의해 발견되었다.

그런 위대한 기회는 우리 누구에게나 생길 수 있다. 기회는 왕이나 평민을 구별하지 않는다. 그러나 기회가 우리의 문을 두드릴 때 우리는 그게 단지 우리를 귀찮게 할 것이라고 단정 지어 버릴 때가 많다.

그렇기 때문에, 중요한 것과 하찮은 것을 구별하는 일이 인생을 설계하는데 제1의 의무가 되어야 하는 것이다.

살면서 우리에게는 갖가지 일들이 밀물처럼 닥쳐오지만 우리는 거기에 압도되어서도, 쓰러져서도 안 된다. 우리는 시시각각 몰려오는 그 일들과 거래를 해야 한다.

인생은 부분적으로 자기조절이고 부분적으로 자기표현이다. 우리에게 생기는 모든 일에 대해서 적시에, 적절하게, 자기조절과 자기표현을 구사할 수 있다면 당신은 행복해지고 성공할 수 있다.

7. 쉬지 않고 무엇인가를 만들어나가라

비즈니스는
끊임없이 일하고 창조하는 사람이
지배하게 된다

　당신이 인생의 성공과 행복을 원한다면 쉬지 않고 끊임없이 무엇인가를 만들어내야 한다. 그것이 사업이건, 직업과 관련된 것이건, 집에서건, 바깥에서건, 당신은 확실하게 창의적이어야 한다.

　무슨 일이든지 그 일의 본성을 거스르지 않고 행하면 당신은 실수를 피할 수 있다. 그것은 우주의 법칙이다. 무엇인가를 창조하고 싶어한다는 것은 모든 인간의 본성이다. 무엇인가 만들어내는 것이 우리들의 타고난 본래 성질이다.

　가장 근본적인 미덕은 자존심이다. 자존심은 인간이 가진 가장 값진 가치이다. 모든 사람이 알 수 있는 확실하고 구체적인 무엇인가를 성취하고, 그것을 보여줌으로써 자존심은 가장 잘 구현된다.

내적인 면에서 인간은 일종의 산호충이다. 인간은 모래톱을 쌓고 싶어 하는 내부로부터의 욕구가 있는 것이다. 머리와 손을 써서 자신이 이룩해놓은 것을 보는 것 만큼 인간을 만족시키는 일은 없다.

매일매일 성장하는 무엇인가를 이룩해놓고 그것을 흐뭇하게 바라보는 것처럼 지속하는 즐거움은 없다.

우리는 무엇인가를 이룩해놓고 그것이 커가는 것을 바라본다.

우리들 중 많은 사람이 우표라든가, 동전이라든가, 담뱃갑 등을 모으면서 얻는 즐거움의 이유도 거기에 있지 않은가?

우리의 본성은 우리들로 하여금 무엇인가를 만들고, 쌓아놓고, 모으게 한다. 그런 본성에 따라 행동을 하지 못하는 사람은 마치 메뚜기처럼 살아야 하는 꿀벌처럼 불행하게 살 수밖에 없다.

하나의 잎이 자라기 전에 두개의 잎을 가꾸어내는 사람은 매우 행복하고 성공한 사람이다.

가치 있는 목적이 있고, 그 목적이 단숨에 이루어지는 것이 아니라 꾸준히 달성해가야 하는 것이라면, 바로 그것이 인생에 가치를 부여하는 비밀 중의 하나다.

무엇인가를 하라! 심지어 4살밖에 되지 않은 어린아이도 장난감 블록을 3개 쌓아놓고 "엄마! 이리 와서 내가 만든 걸 봐요!"라고 기뻐한다.

시인들이 대장장이를 칭송하는 시를 짓는 이유도 거기에 있다. 대장장이들은 언제나 벌겋게 달군 쇠를 두드려서 무언가를 만들어내기 때문이다. 또 그가 만들어낸 농기구들을 언제나 기쁜 얼굴로 자랑스럽게 보기 때문이다.

내게 있어서 가장 오랜 기쁨을 맛보았던 것은 온 여름을 다 바쳐서 만든 2층짜리 통나무집이었다. 그 집의 골격을 세울 때 하룻동안 일군을 고용했던 것을 빼면 나는 그 집을 순전히 나 혼자의 힘으로 만들었다. 사실상 주택으로서 그 집의 형태는 엉성했지만 내게는 대성당 만큼이나 자랑스러운 집이었다.

발전한다는 느낌을 주는 것을 만들어내고, 힘이 붙는다는 느낌이 주는 것을 성취하라. 그 느낌은 인간에게 그가 세상에 태어나서 해야 할 일이 있다는 당위성을 부여한다. 그가 무언가를 성취할 때, 그는 이미 죽은 사람들에게 빚진 것을 갚는 것이다.

 그것은 개척자들이 왜 거대한 황무지로 들어가는지를 설명한다. 그것은 왜 그들이 믿을 수 없을 정도로 끔찍한 역경에 맞닥뜨리는지를, 왜 그들이 야만인과 싸우고 야생동물들과 만나는 위험을 감수하는지 설명한다. 그 이유는 그들이 야생의 세계로부터 돌아와서 문명의 세계에 있게 되었을 때, 정복의 기쁨을 맛보기 때문이다.

 그것은 조선소에서 일하는 남자들의 강한 본성을 설명해 주는 말도 된다. 조선소 만큼 고되고 강도가 높은 노동은 없다. 그런데 왜 그들은 거기서 일하는가? 그들은 크고, 위대한 배를 만들어내는 사람이되기 때문이다.

 쾰른 대성당을 지은 사람들은 그 대성당뿐만 아니라 자기 자신까지 만들고, 세우고, 성취한 사람들이다.

 나무와 돌과 강철로 이루어진 구조물뿐 아니라 생각의 구조를 만든 사람들도 있다. 베리 (James M. Barrie, 19세기 스코틀랜드의 소설가 –옮긴이)는 피터 팬을 만들어냈다.

 베토벤 역시 생각의 구조를 만든 사람이었다. 로댕도 그랬고 터너(William Turner, 19세기 영국의 화가 –옮긴이)도 그랬다. 그들은 음악과 형태와 색을 만들었다. 그들은 우리가 예술이라고 부르는 눈부심의 절정을 이루어내는 데 일조한 사람들이다.

허드슨 베이 컴퍼니라는, 캐나다에서 가장 오래된 회사가 있다. 그 회사 이름은 허드슨이라는 남자의 이름을 땄다. 허드슨이 그 누구보다 더 깊숙한 황무지로 들어갔을 때, 그는 이미 한 세기 이상을 굳건하게 버티는 회사의 기본 뼈대를 구축하기 시작한 것이다.

무역과 상업에 대해서 이야기할 때 이미 그것은 단순한 돈벌이가 아니다. 돈벌이에 모든 것을 바친다는 것은 얼마나 어리석은가! 돈은 단지 부수적으로 생길 뿐이다. 거의 언제나, 부라는 것은 문명의 창조자들이 만들어낸 생산품에 의해 부수적으로 얻어지는 법이다.

이 부정할 수 없는 사실이 이해가 된다면, 그 이해는 사회주의나 공산주의에 대한 영원한 답이 된다. 또한 게으름과 불건전한 사고로 만들어진 것을 숭배하는 -예를 들면, 별 노력도 없이 완성하는 기묘한 예술이나, 남을 속여서 무언가를 이루거나, 땀 흘리지 않고 쉽게 돈을 버는 행위 등- 모든 다른 생각에 대한 답이 될 것이다.

세대를 넘는 영속성을 가진 기업들의 특징은 새로운 가치를 창조하거나 대중에게 필요한 서비스를 제공하기 위해 최선을 다한다는 점이다.

 정치는 말 잘하는 사람과 탁월한 전략가에 의해 지배될 수 있다. 그러나 비즈니스는 그렇지 않다. 비즈니스는 창조하고 서비스하는 사람에 의해서 지배된다.

 무엇인가를 성취하는 사람이 되어라. 창조하는 사람이 되어라. 그보다 더 높은 가치를 지닌 것은 없다. 세상은 6일간의 창조로 이루어진 것이 아니다. 아직 세상은 다 이루어지지 않았다. 세상을 완성하는 것은, 인류를 더욱 발전시키고 삶을 더 개선시키는 창조적인 에너지를 가지고 다른 사람들과 기꺼이 협력하는 진실한 인간들이 지속시켜 나가야 할 영역이다.

 무엇인가를 하라. 그것이 우리들 본성의 법칙이다. 우리가 이 세상에 오게 된 무한하고 위대한 본성의 법칙이다.

 당신의 인생이 끝났을 때, 당신의 생은 당신이 이룬 것과 그 이룬 것의 질로 평가된다. 그래서, 당신은 자신이 이룬 것에 오점을 남겨서는 안 된다.

 행복한 가정을 이루어라. 그것은 위대한 일이다. 그것은 인간 누구나 할 수 있는 최소한의 위대한 일이다.

 도시를 건설하는데 일익을 담당하라. 그것은 조금 더 큰일이고 극소수의 사람만이 그 일을 할 수 있을 정도로 강력하다.

해외시장을 개척하는데 일익을 담당하라. 그것은 조금 더 힘들다. 로지(Cecil John Rhodes, 19세기 말 영국의 정치가 –옮긴이)가 로디지아(아프리카 남부의 중앙지역. 잠비아와 짐바브웨로 나뉘었다 –옮긴이)를 건설했듯이 황무지에서 국가를 건설하라. 그것은 무엇보다 어려운 일이다.

8. 승리하기 위해 당신 자신을 지지하라

*당신과 같이 일하는 사람들을 믿고
당신의 미래에 대한 신념을 가져라*

　　이번 레슨은 고난과 상실에 대처하는 올바른 태도에 관한 것이다. 그것은 적어도 당신 인생의 절반을 가치 있게 만드는 일이 된다.

　당신은 인생이 모든 종류의 고난과 상실과 위험과 수고와 잘못된 모험으로 둘러싸여 있는 섬과 같다는 것을 알고 있다.

　당신은 심지어 인생의 가장 좋았던 시기에도 완벽을 기대하지는 않았을 것이다. 100%라는 것은 없다. 재난이 올 때를 제외하고도 당신은 인생에서 항상 당신이 바라는 것의 10%에서 60% 정도만을 기대해야 한다.

대부분의 사람들은 몇 번의 충격을 받으면 주저앉는다. 시들어 버린다. 사라지는 것이다. 위대하고 거친, 영광스러운 생의 파고가 그들을 지나치는 동안 그들은 작고 안전한 구석으로 기어들어가서 숨어 있다.

많은 사람들은, 자신 만큼은 대다수의 다른 사람들과 달리 아픔이 없는 삶을 약속받았는데, 운명의 장난으로 좋은 기회를 놓쳐버렸다고 한탄하면서 그 귀중한 인생의 후반부를 보낸다.

사실, 이 우연으로 가득한 세상에서는 패배하는 것이 정상이고, 승리하는 것은 드문 일이다. 그리고 보통의 경우 모든 승리는 오랜 패배 끝에 얻어진다.

앤드류 카네기가 그 위대한 철강회사를 세웠을 때, 미국의 모든 철강산업 종사자들이 그를 바보라고 했던 일을 나는 똑똑히 기억하고 있다. 그는 호경기에 그의 공장에서 밤낮으로 일했고, 불경기에 공장 개선에 수백만 달러를 쏟아 부었다. 전망이 가장 어두울 때 그는 경쟁자들의 공장을 흔쾌히 사들였다. 그는 배짱이 있었으며 누구도 그처럼 하지 못했다.

바로 그것이 카네기 성공의 비밀이다.

비즈니스를 하는 사람은 누구나 자신의 내부로부터 비관적인 생각을 극복해야 한다. 주위의 모든 사실들이, 모든 현상들이, 불리하게 돌아갈 때마저도 희망을 버리지 않는 것이 당신에게 실질적으로 도움이 된다. 확실히, 당신은 스스로 할 수 있을 거라고 생각한 한도 이상은 결코 하지 못한다.

불행하게 태어나서 그 출생에서부터 비관적인 운명을 타고난 것처럼 보이는 사람도 많다. 그러나 기질이라는 것은 우리가 믿는 것보다 훨씬 더 큰 정도로 변화할 수 있다. 그렇게 긍정적인 방향으로 변화된 기질은, 의지라는 정신의 힘을 발달시키고 회의를 확신으로 바꿀 수 있다.

살다보면 시간만이 치료책이 되는 현실적인 고통이나 상실이 있다. 그러나 그런 고통들은 당신 인생 중의 귀한 한 시간만큼도 가치가 없다.

항상 희망을 가지고 앞을 주시하라. 그것이 가장 중요하다. 당신이 무엇을 잃었는지 기억하기보다는 당신이 무엇을 남기겠는가 생각하라. 결코 후회하면서 과거를 돌이켜 보지 말라.

우리들의 뇌 속에는 상상이라고 부르는 예술가가 있다. 그 예술가는 우리의 성공과 행복에 지대한 효과를 미치는 그림을 그린다.

만일 그가 실패와 재앙의 그림을 그린다면, 당신은 그를 없애버리고 그의 화실을 폐쇄하라. 그는 그때 우리의 적이다.

그러나 만일 그가 승리와 개선의 그림을 그린다면 그는 당신의 가장 친한 친구다. 그는 당신이 해낼 수 있는 큰일을 당신에게 그려서 보여줄 것이다. 그는 더 나은 날들이 올 것이라는 감정을 모든 사람에게 보여줄 수 있다. 그것은 환상이 아니다. 그것은 우리를 고무시키는 꿈이고, 그 꿈은 이루어진다. 그것은 우리에게 있는 모든 정신작용 중에서 가장 유용한 것 중의 하나다. 바로 희망의 본능이다.

만일 어떤 사람이 "나는 희망을 원치 않는다. 나는 확실한 것을 원한다"라고 말한다면 그에게는 해줄 대답이 없다.

젖지 않고 바다를 건널 수 없듯이 위험 없는 인생은 불가능하다.

누구도 확신할 수 없다. 끝이 어떻게 될지 모르면서 출발했던 때가 우리 모두에게 얼마나 많이 있었는가? 우리는 씹거나 씹을 수 있는 것 이상으로 베어 물어야 한다.

발전이라는 것은 언제나 어둠 속, 우리 앞에서 움직이고 있다. 한 발씩 한 발씩 우리는 어둠의 배후를 추적해야 한다. 어둠 속의 미래를 단 일 분이라도 밝게 비쳐줄 빛을 발명한 사람은 없다.

의심스러울 때, 바로 그때 공격하라. 나는 때때로 절대적인 열세에서 정면으로 확 덤벼서 이기는 사람들을 보았다. 의자에 앉아서 자로 재보면서 찬성할 것인가 반대할 것인가를 생각하면서는 어떤 문제도 해결할 수 없다.

컬럼버스가 모든 해양 여행 중에서 가장 경이로운 여행을 떠났을 때 그가 아는 것은 '서쪽으로 항해하라'는 것밖에 없었다. 그는 해도도 없었고, 그가 가는 길에 대한 지식도 없었다. 단지 하나, 지구는 둥글다는 믿음만이 있었다. 그는 실제로 행동에 착수하고 또 계속 행동함으로써 그 앞에 놓인 문제를 해결했다. 그 외에는 다른 길이 없었다.

사람은 자신에 대한 믿음과 자기가 하려는 것에 대한 믿음이 있어야 한다. 당신은 이렇게 말할 것이다. "나는 할 수 있다." 당신은 승리하기 위해 스스로를 지지해야 한다. 당신은 자신에게 모든 것을 걸어야 한다. 가진 돈을 모두 걸고 힘든 도박을 해야 한다.

함께 일하는 사람들에 대한 믿음을 가져야 한다. 당신의 팀을 믿어야 한다. 동료의 좋은 점을 보아야 하고 자기의 생각만이 옳다고 고집해서는 안 된다.

자신의 사업에 대한 믿음이 있어야 한다. 당신의 사업이 유용하고, 노력을 바칠 가치가 있다고 믿어야 한다. 그리고 모든 어려움 속에서도 사업이 다시 일어설 것이고, 지나간 과거보다는 다가올 미래에 그 사업은 더 커질 것이라고 믿어야 한다.

당신이 속한 공동체에 대한 믿음이 있어야 한다. 훌륭한 시민으로서의 의무를 다하고 일정 부분 자기가 가진 것을 공동체의 구성원과 공유하려는 마음이 있어야 한다.

진실, 정직, 동정심, 정의, 발전 등과 같은, 우리 인간들로 하여금 동물들보다 우월하게 하는 이런 원칙들에 대한 믿음이 있어야 한다. 한 개인의 잘못이나 결점에 너무 주의를 집중한 나머지, 인류를 깊은 구렁텅이에서 높은 곳으로 끌어올리는 위대하게 영속하는 '올바름'에 대해서 회의를 가져서는 안 된다. 그리고, 이 모든 것들은 우리를 전보다 더 강하게 만들 것이다.

9. 자신을 존중하고, 계발하고, 자립하라

모든 가치 있는 것은
인간적이다

　무슨 일이 일어나더라도 당신은 자기 자신과 살아가야 한다. 그리고 다른 어떤 것도 당신 자신 만큼 당신의 성공과 행복에 영향을 주지 못한다.
　당신이 위대한 인물이건 단지 보잘것없는 평범한 인물에 불과하건 상관없다. 당신은 당신 자신에게 중요하다. 그리고 스스로 일어서서 시작하지 않는다면 가치 있는 어떤 인생도 당신은 이루어내지 못한다.
　이 말은 지극히 단순하고 또 명백하기 그지없는 말이지만, 진정한 자기 자신의 주인이 되는 사람을 만나본다는 것은 얼마나 드문 일인가!

 대부분의 사람들은 자기 자신의 주인이라는 한 개체가 아니라 집단으로 묶이고 총합으로 취급되는 것이 사실 아닌가? 그들은 마치 생명이 아닌 것처럼, 개체로 분류되지도 않을 뿐더러 상품처럼 값이 매겨지고 자기 뜻과 관계없이 이동되지 않는가?

 대부분의 노동자들은 노동조합으로 몰려 들어가고 대부분의 고용주들은 협회로 몰려 들어가지 않는가?

 우리는 이 노동조합이나 협회 같은 것들을 너무 맹목적으로 운영해온 것이 아닌가?

 국가는 위대한 개인들을 파괴시킴으로써 국가를 한낱 오합지졸의 모임으로 격을 떨어뜨릴 수 있다.

 바로 그것이 중세 암흑시대가 왜 암흑인지 말해주지 않는가? 모든 밝고 큰 빛은 꺼지고 양의 기름으로 만든 촛불만이 남아 있는 것이, 모든 개인은 사라지고 신과 봉건주의만이 남아 있는 것이 그 이유가 아니던가?

 모든 권리들 위에 존재하는 권리가 바로 자기계발의 권리라는 것을 우리는 잊지 않았는가?

 여기에 왜 사회주의가 그렇게 파괴적일 수밖에 없는가 하는 이유가 있다. 사회주의에서는 모든 것을 집단의 시각에서 바라볼 뿐, 개인의 시각이라는 것이 없기 때문이다.

러시아의 비극은 그 무역과 상업의 피폐함이 아니고, 인간 자존심의 피폐함과 자립의 피폐함에 있다.

부라는 것은 당신 자신에게서 최초로 시작된다. 만일 당신 자신으로부터 시작된 부가 아니라면, 그때의 부라는 것은 당신을 명백히 우스운 사람으로 보이게 할 뿐이다.

갑자기 거대한 권력이나 재산을 물려받게 되었는데, 그 권력과 재산을 감당할 능력을 미처 계발해놓지 못 한 사람보다 더 불쌍한 사람은 없다.

별 볼일 없는 자리지만 그 자리에 맞는 평범한 사람은 남들로부터 존경을 받을 수도 있다. 그러나 대단한 위치에 있는 별 볼일 없는 사람은 우습게 되고 만다.

결국, 부와 권력의 최종 목적은 우리들의 삶에서 우리를 자유롭게 만들어 주는 것이 아닌가? 그것은 우리에게 스스로 일어설 수 있는, 자립할 수 있는 영광된 특권을 부여하는 것이 아닌가?

우리는 언제나 가장 중요한 것을 첫 번째에 놓을 줄 알아야 한다. 그렇지 않으면 우리의 삶은 혼동으로 가득할 것이다. 우리는 자신을 존중하는 마음을 첫 번째로 놓고 모든 것을 시작해야 한다.

　자신을 존중하는 마음이 없는 사람이 성공했다면 그 성공은 그에게 불운이 되고, 그런 사람이 행복을 누린다면 그 행복은 결국 헛된 망상에 불과하게 된다.

　다음으로 우리는 자기 절제를 해야 하고, 자기계발을 신중하게 추구해야 한다.

　인간의 첫 번째 특권은 성장한다는 것이다. 성장이야말로 인간으로 하여금 부자가 되게 하고 권력자가 되게 한다. 이것이 성공을 보는 바른 관점이다.

　우리들 대부분은 충분히 성장하지 못한다.

　저명한 과학자인 스피즈카 박사는 거의 모든 사람이 자기 신체의 50% 이상 계발하지 못 하고 두뇌의 10% 이상을 계발하지 못 한다고 언젠가 내게 말했다. 인간들은 지금 가진 신체적 능력의 2배 이상, 두뇌 활동의 10배 이상 강해질 수 있다는 말이다.

　결국, 현실의 인간은 그가 '될 수 있는 인간'의 10분의 1에 불과하다는 것이다. 여기에 인간이 끊임없이 자기계발을 해야 하는 이유가 있다.

언제나, 첫 번째는 인간이고 그 다음이 일이다.

아무 것도 하지 않으면 아무 것도 나오지 않는다. 강물은 언제나 그 원천보다 낮게 흐를 수밖에 없고, 토끼 굴에서는 토끼만 나오지 사자는 나오지 않는다.

세상에는 언제나 넘칠 정도로 많은 자기 소멸이 존재해왔다.

내 경우에는, 야망을 품는 편을 좋아한다. 왜냐하면 야망은 자기소멸이나 자기비하보다는 인류의 문명에 대해 더 많은 것을 창조해왔기 때문이다.

모든 가치 있는 것은 개인적인 것이라는 사실이야말로 언제나 진실이었고 앞으로도 그럴 것이다.

훌륭하게 경영되는 가게에 들어가서 물어보라. "이 가게에서 가장 귀중한 것은 무엇입니까?" 대답은 이렇다. "가장 훌륭한 것은 사장입니다."

가끔은 군중을 따르지 말라. 다른 길로 가보라. 그들이 당신을 야유하고 욕하게 버려두라. 군중들은 항상 그러니까.

당신 스스로의 주인이 되어라. 마르쿠스 아우렐리우스가 그랬듯이, 다윈이 그랬듯이, 모든 가치 있는 인간들이 늘 그랬듯이. 비록 당신이 결코 부자가 되지 못할지라도, 결코 당신이 속한 작은 집단 밖으로 이름이 알려지지 않을지라도, 당신은 인격을 가진 사람이 될 수 있다. 당신은 자립하는 인간이 될 수 있다. 그리고 당신은 자랑스럽게 말할 수 있다. "나는 내 영혼의 주인이다."

10. 물질보다 인간을 더 생각하라

> 인간에 대한 호의는
> 보다 쉽게 성공하도록 해주고
> 보다 확실하게 행복하도록 해준다

　자신을 존중하는 마음 다음에는 타인을 생각하는 마음이 있어야 한다. 누구도 세상을 혼자 살아갈 수는 없다.
　남들에게 미움 받는 사람은 오래 가지 못한다. 보통 그들은 이웃과도 멀어진다. 때때로 갈릴레오나 고흐 같은 천재들은 자신이 선택해서, 또는 내면에서 끓어오르는 창조적 열정을 누르지 못해서 외롭게 인생을 보낼 수도 있다. 그러나 우리들 중에 그런 삶을 살만한 천재는 거의 없다.
　우리는 위대한 호의의 힘에 감사해야 한다. 이것이 이 열 번째 레슨의 주제다.

당신은 자신에게 냉정하게 물어보아야 한다. "내게 열 명의 좋은 친구가 있는가?" 만일 "아니오"라는 답이 나왔다면 설사 당신이 성공을 할 수 있다고 해도 행복함까지 가지지는 못 할 것 같다.

인간에 대한 호의는 보다 쉽게 성공하도록 해주고 행복을 더 확실하게 해준다.

이것은 어떤 대학에서도 가르쳐주지 않고 어떤 교과목에도 없다. 호의는 사회적인 교섭의 장소인 사무실에서 고려되는 성질의 것이 아니다. 호의는 부나 능력보다 세상사에서 더 위대한 힘을 발휘한다.

진실한 호의는 교양이나 지성을 의미하지 않는다. 호의는 그 자체로 매우 위대한 의미를 갖는다. 한 인간의 성공과 행복을 알 수 있는 최적의 방법은 그의 장례식을 보라는 말은 진실이다.

호의는 인류의 역사와 함께 존재해왔다. 첫 번째 유인원이 출현하기 이전인 몇백만 년 전의 정글에서도 호의는 존재했다.

호의는 숫자로 표현될 수 없다. 통계로 나타낼 수 없다. 대차대조표가 아닌 것이다. 그러나 호의는 숫자가 표현할 수 있는 것 만큼 위대하고 전능의 힘을 가지고 있다. 그러나, 인간에 대한 이런 호의를 전혀 가지지 않은 사람들이 많다.

모든 유능한 젊은이가 직면하는 위험은 그가 무능한 사람을 경멸하리라는 것이다.

모든 힘 있는 사람이 직면하는 위험은 그가 약한 사람에게 거칠게 행동하리라는 것이다.

똑똑하게 보이기 위해 대부분의 젊은이들은 냉소적이 된다. 그들은 경멸을 쏟아낸다.

이것은 14세 된 사람의 자연스러운 정신적 발달 단계다. 그러나 대부분의 사람에게 이것은 마음의 습관이 된다. 그들의 두뇌에는 평생 동안 14세의 단계에서 행했던 것이 남아 있는 것이다.

냉소는 다른 사람의 실수와 어리석음을 비웃으며 즐거움을 취한다. 냉소적인 사람은 다른 사람의 어리석음을 방지하려고 하지도 않고 다른 사람의 실수를 바로 잡아주려고도 하지 않는다.

그는 약한 사람이 강해질 때가 아니라, 힘 있는 사람이 쓰러질 때 기쁨을 느낀다.

그는 남에 대한 험담과 악평과 신문의 쓰레기 같은 기사를 읽는 재미로 살아간다. 아무리 더럽고 불쾌한 사건이 일어나도 그는 비웃는 표정으로 이렇게 말한다. "거봐, 내가 다 그렇다고 말했잖아."

어떤 직업군에서도 톱의 자리에 있는 사람 중에는 이런 냉소적인 성향을 가진 사람을 찾아보기 힘들다. 그러나 그 아랫자리에 있는 사람 중에는 이런 사람들이 많다.

냉소적인 사람 다음으로 안 좋은 것은 윗사람에게 아첨하고 아랫사람에게 교만한 속물근성이 있는 사람이다. 이 사람들은 보통 덜 똑똑하기 때문에 덜 위험하다. 그들은 사람보다 물질을 중시한다. 그들은 진정한 삶이라는 측면에서 볼 때, 삶의 본질과는 너무나 거리가 먼 부나 지위의 정도를 인간성보다 더 높게 평가해서 인간의 가치를 떨어뜨린다.

그 다음으로는 개가 고양이를 싫어하듯이 사람들을 싫어하는 은둔자가 있다. 이런 사람들은 그 숫자가 너무 미미해서 따로 기술할 필요가 별로 없을 정도다.

또, 남자를 싫어하는 여자와 여자를 싫어하는 남자도 있다. 어린아이를 싫어하는 사람들도 있다. 이들 모두는 비정상적인 사람들이다. 그들 중 대부분은 뇌수술이 필요한 사람들이다.

그보다 더 좋지 않은 것은 자기의 동료들을 등쳐먹는 범죄자나 항상 동료들에게 손을 벌리는 사람이다. 정말로 그들은 사람이 아니다. 그들은 야수다. 인간의 탈을 쓴 늑대이고 하이에나다.

그들은 다른 사람들을 이용하기 위해 덫을 놓는다. 그들은 다른 사람의 것을 훔치고, 빌붙는다. 죽이기도 한다. 그들에게 있어서 유일한 성공과 행복이라는 것은 다른 사람의 성공과 행복을 파괴하는 것이다.

마지막으로 그 어떤 유형의 사람보다 나쁜 군국주의자가 있다. 그들은 세상의 모든 악마 중에서 단연 최악이다. 그들은 모든 악 중에서 가장 끔직한 전쟁을 일으키기 때문이다.

이 사람들은 살인자처럼 단지 개인만을 파괴시키지 않는다. 그들은 문명 자체를 파괴시킨다.

이런 모든 부정적인 인간들에 대항해서 이 세상을 지키는 사람들은 친절하고, 호의가 가득하고, 밝고, 열린 마음을 가진 사람들이다. 그들은 우선 자기 자신의 행복에 대해 관심을 쏟고 다음으로 타인의 행복에 대해서 관심을 돌린다. 그런 사람들은 부자이건 가난하건, 배웠건 못 배웠건, 이 세상의 소금과 같은 사람들이다.

만일 당신이 인간에 대해서, 공정하고 바른 인간에 대해서 감사할 줄 모른다면 다른 그 무엇이 소용이 있겠는가? 인간의 본성이라는 것은 그 숱한 결점에도 불구하고 모든 자연 중에서 최고의 걸작품이다. 인간의 본성은 우리가 아는 모든 것 중에서 그 무엇보다 훌륭하고, 그 무엇보다 고결하고, 그 무엇보다 고귀하다.

만일 어떤 사람이 그 이웃을 싫어하고 동료들을 싫어하고 같은 지역의 사람들을 싫어한다면 그가 어떻게 그 무엇에서든 진지하게 선을 찾을 수 있겠는가?

사람들에게 진실하라. 사람들을 신뢰하라. 사람들과 교류하라. 당신은 물론 사람들에게 여러 번 속을 수도 있다. 그러나 결국 당신은 냉소와 비관적인 태도로 인해 잃을 수 있는 것보다 훨씬 많은, 거의 모든 것을 얻게 될 것이다.

인간은 그 어떤 것보다 더 흥미가 있는 존재다. 정치인들은 이 사실을 알고 있다. 드라마 작가와 언론인들도 알고 있다. 그러나 사업가는 그 사실을 모른다. 그들은 항상 사람보다 물질에 더 흥미를 가지고 있다. 그리고 바로 그것이 많은 사업가가 실패하는 이유 중의 하나다.

비즈니스의 새로운 정의는 인간에 대한 서비스다. 당신이 인간에게 유익한 것을 제공하면서 기쁨을 느낀다면 당신은 이 새로운 시대의 비즈니스맨이다.

단지 몇 명의 친구만 있고 남들에게 적의를 가지거나 남 앞에서 부끄러움을 느껴서는 안 된다. 부끄러움이 있다면 반드시 극복해야 한다. 만일 당신이 남들 앞에서 위축된다면 당신은 많은 것을 잃게 된다.

사람들을 좋아해야 한다. 그러나 그들의 직책이나 지성이나 부나, 혹은 그들이 당신과 공통점이 있다는 이유만으로 좋아해서는 안 된다. 당신은 꽃을 좋아하는 정원사처럼 사람들을 좋아해야 한다.

이미 50년 이상을 살면서 나는 많은 사람들을 만났다. 육체노동을 하는 잡역부에서부터 왕들까지 만나보았다. 그러나 내가 만났던 사람들 중에서 위대했던 사람들은 그 직위와는 전혀 관계없이, 인간성 그 자체를 위해 사람을 사랑하는 사람들이었다.

그런 사람들은 누구보다 위에 있는 사람이다. 인류의 정상에 서 있는 사람들이다. 그들은 부나 계급이나 권력의 위에 있는 사람들이다. 그들이야말로 우리가 성공과 행복을 이야기할 때 그 진정한 의미가 무엇인지 말해주는 최고의 사람들이다.

11. 사랑하는 능력을 키워라

최상의 힘이라는 것은
마음의 힘이다

    사랑은 우리가 완벽하게 조절할 수 있는 개인적인 일일 뿐이라고 대부분 생각한다. 그러나 그 생각은 어리석다. 사실 그것은 크나큰 허위다. 왜냐하면 물고기에게 있어서의 바다보다, 새들에게 있어서의 공기보다, 우리들에게 있어서의 사랑이 더 필요한 것이기 때문이다.
    어렵고 불안한 시대였을지라도 우리는 사랑 속에 태어나지 않았던가? 우리는 사랑으로 키워지지 않았던가? 우리 모두는 집에서 사랑스런 아이가 아니었던가?
    뉴스를 보라. 매일의 사건들은 우리들에게 사랑과 사랑의 힘에 대해 생생한 장면들을 보여주지 않는가?

법정을 보라. 사랑과 질투와 정열과 그 외의 감정에서 비롯된 범죄들과 불화로 그들 생애의 절반을 소비하느라고 바쁘지 않는가?

당신은 이제 이렇게 물을 것이다. 그런 것들이 비즈니스와 무슨 상관이 있다는 건가? 성공과는 또 무슨 관계가 있다는 건가?

관계가 있다. 그냥 있는 것이 아니라 깊은 관계가 있다. 한 줄기 빛이 당신 마음속 깊은 곳을 관통해서, 당신이 사랑으로 가득 찬 세상에서 비즈니스 활동을 하고 또 살고 있다는 사실을 처음으로 깨닫게 될 때, 아마 당신은 경탄해마지 않을 것이다.

현대는 비즈니스가 체계화되고 기계화되는 경향 때문에 너무나 많은 기업가들이 기계적인 장난감처럼 되어가고 있다. 그들은 물질을 기준으로 비즈니스 활동을 하고 있는 것이다. 이것은 돈을 버는 측면에서 볼 때도 심각한 잘못이다. 물건보다는 역시 사람이 돈을 더 잘 벌기 때문이다.

비즈니스의 세계에는 기계적으로 일하는 사람이 너무 많다. 그러나 결국 그런 사람들의 삶은 계급과 서류로만 남게 된다.

나무로 만든 병정은 결코 장군이 되지 못 한다. 거세된 내시는 결코 영웅이 되지 못 한다. 거의 모든 사람에게 필요한 것은 더 많은 삶과 사랑이다.

너무나 많은 사람들이, 야망은 우리들로 하여금 다른 사람의 감정에 냉혹한 무자비한 인간으로 만든다고 믿는다.

너무나 많은 사람들이, 성공에 대한 잘못된 생각을 역사에서 또 신문에서 얻는다.

역사나 신문은 유별나게 눈에 잘 띄는 사건을 다룰 뿐이지 진실한 성공과 행복을 다루는 것은 아니다.

단지 눈에 잘 띈다거나 유명하다는 것은 성공이나 행복과는 전혀 다른 얘기다. 나는 명성으로 가는 안내판을 쓰기 위해 이 책을 저술하지 않았다. 나는 무엇이 한 개인에게 진정한 성공과 행복이 되는 가를 쓰고 있다.

내가 정의하는 행복하고 성공한 사람은, 그가 살아있음을 기쁘게 여기고, 그 자신이 진정으로 원하는 길을 따라 전진하고, 더 현명하게 더 친절하게 더 좋은 사람으로 자신을 성숙시키는 사람이다.

내가 의미하는 이 정의는 유명하다는 것과는 하등 관계가 없다. 그것은 내 정원사에게도 영국의 왕자에게도 똑같이 적용된다.

당신은 성(性)이라고 하는 이 가치 있고 의미 있는 것에 대해

감사해야 한다. 인간성은 실질적으로 우리가 성이라고 부르는 두 부분으로 나누어진다. 하나의 성은 그에 대응하는 다른 성이 없이는 아무 가치도 의미도 없다.

인생의 두 가지 근본적 법칙은 자기 보존과 재생산이다. 우리는 이 두 가지 중 한 가지만 가지고는 생을 지탱해나갈 수가 없다.

이런 인간사의 기본적인 것을 이해하지 못하고 어떻게 판매라든가 광고라든가 대중의 호의 등을 이해할 수 있겠는가?

성공하고 또 행복해지기 위해서 당신은 당신의 본성에 따라 발전해가야 한다. 그렇게 되도록, 인간적이 되도록 100% 노력해야 한다.

그것이야말로 왜 당신이 결혼을 하고 아이를 가지는가 하는 이유다. 만일 그렇게 하지 않는다면 당신은 진실한 인간의 역할을 다하지 못하고 결국 사라지고 말게 된다. 인류라는 로프의 한 매듭이 아니라 방앗간 마루에 흩어져 있는 실 찌꺼기에 지나지 않게 되는 것이다.

우리는 결혼에서 오는 구속성과 피곤함 등에 대해서 농담을 한다. 결혼한 남자는 개처럼 살고 신사처럼 죽지만 독신남은 신사처럼 살다가 개처럼 죽는다는 농담을 한다.

그러나 진실을 말하자면 결혼은 인생과 같다. 결혼은 받아들여야 하고 가장 잘 꾸려가야 하는 선물이다. 독신자가 되는 것은 자살자가 되는 것보다 아주 약간 나은 정도일 뿐이다.

무엇보다도, 사람은 좋은 자식이 되어야 한다. 그 다음에는 좋은 남편과 아내가 되어야 하고 좋은 아버지와 어머니가 되어야 한다. 우리 모두에게 주어진 이 귀중한 의무를 진실하게 행해야 한다.

자기 자신의 아이들을 도와주어야 한다. 아이들로 하여금 자신이 가진 재능에 몰두할 수 있도록 이끌어야 하고 좋지 않은 면은 고쳐주어야 한다.

다소간 우리들은 가족간이나 친척들과 다툴 수도 있다. 언제나 유머와 사랑으로 서로를 감싸지 않으면 너무 가까이 있는 가족끼리는 때로 마찰이 일어날 수 있는 법이다. 많은 기업이 가족간의 불화로 망했다. 그 사실은 우리 모두가 더 좋은 성품을 갖는 것이 좋으며, 가정에서는 더 많은 인내가 필요하다는 점을 가르친다.

문명의 최소 단위는 행복한 가정이다. 모든 비즈니스를 뒤에서 지탱하는 것은 가정이다. 그리고 가정의 질이 바로 비즈니스의 질을 결정하게 된다.

사랑이 없어서 매일 밤마다 외로움을 느끼는 가정에서 사는 사람은 결코 성공하거나 행복할 수 없다. 부자라 할지라도 가정이 없다면 헛것일 뿐이다.

그렇기 때문에 우리는 완전한 인간이 되기 위해, 또 진실로 유능한 비즈니스맨이 되기 위해, 사랑하는 능력을 키워야 한다.

진실한 힘은 가슴에서 나오는 힘이다. 그것은 그 어떤 힘보다도 강하다. 나는 이 글을 다른 비즈니스맨에게 전하는 비즈니스로서 쓰는 것이지 시인이나 성자나 이상론자로서 쓰는 것이 아니다.

과학과 종교가 인간에게 좀 더 명확하게 다가올 날이 올 것이다. 그리고 사랑이야말로 우주의 창조자이고 인생의 법칙이고 우주의 첫 번째 이유라는 것을 인간이 깨닫게 될 날이 올 것이다. 그리고 사랑할 수 있는 자신의 능력을 계발하는 것이야말로 가장 실용적인 일이라는 진실을 인간이 깨닫게 되는 날도 올 것이다.

12. 정신의 힘, 영적인 힘을 키워라

진실한 당신은
피와 살로 이루어진 육체가 아니라,
보이지 않는 영혼이라는 점을
잊어서는 안 된다

    정신의 힘과 영적인 힘을 키우는 것. 이것이 마지막 레슨이고, 최상의 레슨이다. 나로서는 더 이상 해줄 말이 없다. 다른 훌륭한 사람이 더 나은 말을 할 수 있을지 모르겠으나 고백하건데 나로서는 이것이 내가 드릴 수 있는 가장 높은 수준의 조언이다. 그리고 독자들에게도 의심할 바 없이 가장 높은 수준의 레슨이 될 것이다.

  성공과 행복은 내부로부터 온다. 그리고 같이 온다. 그것은 정신과 혼이다. 감히 내가 말하건데 당신이 당신 자신을 정신과 혼의 힘으로 충만하도록 발전시키면 성공과 행복은 그 힘의 부산물로서 따라오게 되어 있다.

  어린아이는 지구가 평평하고 움직이지 않는다고 생각한다. 그러나 나중에 그 어린아이가 자라서 위아래의 구분이 없는 둥근 지구가 우주를 빙빙 돌 뿐이라는 사실을 알게 된다. '위' 라는 것은 단지 지구의 언어일 뿐이고, 그것은 지구의 중심부에서 밖으로 향한다는 뜻이라는 것을 알게 된다.

  지구에 관한 모든 어린아이의 개념은 틀린 것이고, 과학 공부를 더 하게 되면 우리는 진실을 더 알게 된다.

  과학이 발달되지 않은 시대에 우리는 물질과 정신에 대해 이야기했다. 그러나 오늘날 물질은 힘이라는 사실을, 모든 물질의 작은 단위는 '역동성'이라는 눈에 보이지 않는 힘이라는 사실을 우리는 발견했다.

  영적인 우주에서 우리는 정신들이다. 그것은 종교가 아니라 과학이 발견한 위대한 진실이고, 무역을 하고 상거래를 하는 우리 인간들이 이제야 겨우 이해하기 시작하고 있다.

  고객이 눈에 보이는 실제적인 인간일 뿐이라는 생각은 망상이다. 마치 지구가 평평하고 움직이지 않는다고 보는 것처럼, 우리는 우주 공간의 이 불가사의한 지구에서 눈으로 볼 수 있다고 해서 믿을 수는 없다. 우리는 눈으로 보는 것에 의해서가 아니라 생각에 의해서 진실을 볼 수 있는 법이다.

모든 비즈니스는 정신이다. 그것은 오직 영혼이라는 단어로만 대치될 수 있다. 영업도 정신이고, 발명도 정신이다. 직원 교육도 정신이다.

어떤 회사에서건 모든 것은 우선 아이디어다. 모든 선반은 아이디어를 철로 만들어낸 것이다. 오늘날의 제분기는 수많은 아이디어들이 축적되어서 만들어진 것이다. 모든 기계는 손과 발을 움직이다가 생각해낸 아이디어에서 나오지 않았는가? 전화는 목소리를 내다가 생각해낸 아이디어에서 나오지 않았는가? 망원경은 눈으로 보다가 생각해낸 아이디어에서 나오지 않았는가? 철도는 다리로 걷다가 생각해낸 아이디어에서 나오지 않았는가?

물질들의 이 영적인 개념만큼 과학적이고 실용적인 것은 없다. 그것들은 우리에게 단지 밖으로 드러난 표식이나 상징이 아니라 현실에 눈뜨게 해준다.

당신이 이런 올바른 관점을 한번 익히게 되면 관료주의가 왜 언제나 어디에서나 실패하는지 알게 된다. 관료주의는 체제를 우선하기 때문이다. 관료주의는 능률보다 체제를 중시하고, 살아있는 인간보다 체제를 우선하고, 이익보다 체제를 중시하고,

성공과 행복보다 체제를 중시하기 때문이다.

관료주의는 살아 있는 인간을 로봇으로 만든다.

인간에 대한 선의! 그것은 신용보다 우위에 있지 않은가? 자본보다 우위에 있지 않는가? 제품보다 우위에 있지 않는가? 순이익보다 우위에 있지 않는가? 그리고 무엇보다 그 선의야말로 구체적인 혼의 힘이 아닌가?

우리는 모두 육체를 걸친 영혼들이다. 인생은 다른 사람의 얼굴은 보지 못한 채 댄스파티에 참가한 가면무도회와 같은 것이다. 거기서 가장 중요한 것은 인간이지 그 사람이 쓰고 있는 가면이 아니다. 우리 모두는, 결코 눈에는 보이지 않고, 또 영원히 위대한 '마음'의 작은 한 부분이다. 우리는 창조자의 한 부분들일 뿐이다.

세상은 6일 만에 만들어지지 않았다. 세상은 아직 다 만들어진 것이 아니다. 만들어지는 과정에 있을 뿐이다. 이 경이로운 우주에서 완성된 것은 아무 것도 없다. 모든 것은 변화하고 움직인다. 그리고 당신과 나와 우리들은 이 창조의 과정에 한가지 씩 자기 역할을 맡고 있을 뿐이다.

인간의 첫 번째 의무는 이 창조적 과정에 기꺼이 자기 역할을 맡을 수 있도록 가치 있는 인간이 되는 것이다. 그러기 위해서 우리는 먼저 자신의 내적 생활을 숙고해야 한다. 우주의 정신을 더 완벽하게 구현하면 할수록 우리의 성공은 더 위대해질 것이고 행복은 더 끝없을 것이라는 지식을 가지고, 자기 영혼을 구축해야 한다.

인생에 대한 이런 시각은 당신을 더없이 강하게 만들어줄 것이다.

당신은 더 이상 당신 자신의 작고 보잘것없는 힘에 기대어 살려고 노력하지 않아도 된다. 당신은 이제 모든 것을 새롭게 만들어내는 창조적인 에너지를 방출하는 전원이다.

당신은 더 이상 물질의 세계에 존재하는 물질이 아니다. 당신은 창조자다.

당신은 지구의 중심에 존재하는 불꽃이다. 당신 자신 외에는 누구도 당신을 해칠 수 없다. 당신 스스로가 항복하지 않는 한, 당신은 결코 깨지지 않는다. 당신은 모든 성공과 행복을 가질 수 있고, 그럴 자격이 충분히 있는 위대한 인간이다.

짧고 깊
은조언

지은이 허버트 뉴튼 카슨 옮긴이 황현덕 펴낸이 황현덕 펴낸곳 수린재 출판등록 제105-90-78139호 주소 서울시 마포구 서교동 352-5 전화 02-323-2191 팩스 02-323-2276 이메일 sulinjae@paran.com (c)2012. 수린재 ISBN 978-89-94185-02-6 03320 펴낸날 2012년 2월 20일 초판 1쇄